人体里面有什么

李明喆 主编
纸上魔方 绘

运动系统

ZHEJIANG UNIVERSITY PRESS
浙江大学出版社

前言

　　人体就像一个工厂，它是如此复杂而精细。它由成千上万个部件构成，忙碌的心脏不间断地每天搏动10万余次，神奇的大脑和神经系统将信号传到每一个器官和肌肉，坚硬的骨骼之间衔接是如此精密，数千米的管道向身体的各个器官输送血液和养料，人体还有着很科学的消化系统和内分泌系统。这个每时每刻都在完成数不清的任务的人体工厂却开始于一个比针尖还小的细胞。这个细胞生长发育成你的身体，里面含有数以万亿计的细胞……

　　如此复杂且繁忙的人体工厂，有着你想象不到的太多意外。当我们生病或者意外受伤时，人体内部就会陷入一场巨大的战乱。大脑会忙着指挥，白细胞忙着战斗，骨髓忙着生产，淋巴细胞急着训练新兵，血小板用身体去扑堵伤口……

本系列图书将人体相关的理论知识，以简明流畅的语言，从人体构造到人体系统，全方位展示了人体不可思议的运作过程。精致的手绘插图、大量的医学影像解剖图，让一个精细运作、复杂神秘的生命循环系统变得生动、立体，的确是一套非常适合孩子们阅读的科普书。

这将是一次神奇的人体漫游之旅。让我们带你走进科学的殿堂，探索人体的奥秘，领略日益发展的人体科学，揭开人体的奥秘吧！

——北京大学临床医学博士后 李明喆

目 录

目录

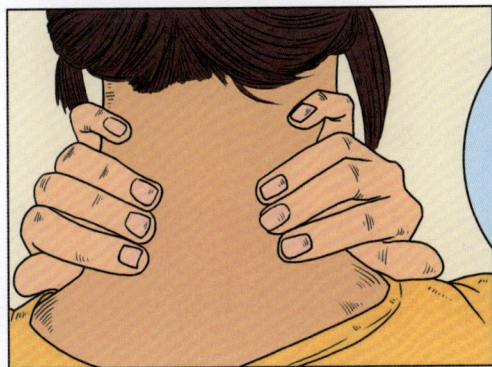

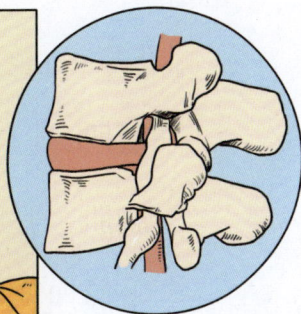

目录

运动系统：

第一章

人体小工厂的运动机械总部

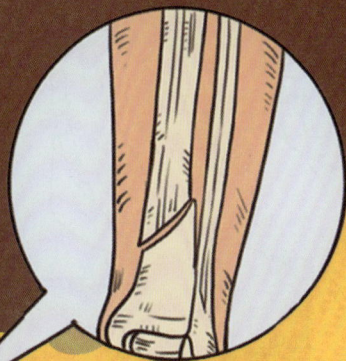

运动系统

神经总部的执行主力军

奇妙的人体小工厂里真是卧虎藏龙，不但"隐藏"着功能神奇的各大器官部门，还有一个能够让我们随时耍酷的"超级机械总部"，它就是运动系统，即运动机械总部。

我们运动机械总部接收到神经总部传来的信号，小主人要踢球了。

小宝贝，我们人类才厉害呢！你瞧，我们身上不需要什么开关，只要你想，随时都可以进行各种运动。

这里是股骨，有骨骼肌的牵引，我们就能配合神经总部的指令，好好地工作。

爸爸，我觉得机器人好棒呢，只要摁下开关，它就能自由行动了。

腿部车间的小腿部的腓骨和胫骨都准备好了，股骨开动了，膝关节也运动了，我们要做出踢球的动作。

股骨发挥的是力量，而腓骨和胫骨则负责协调具体的踢球动作。

噢耶！小主人踢进了，球进了球门了！噢耶，这就是运动机械总部的骨骼、骨骼肌和关节互相协调的结果啊！

2

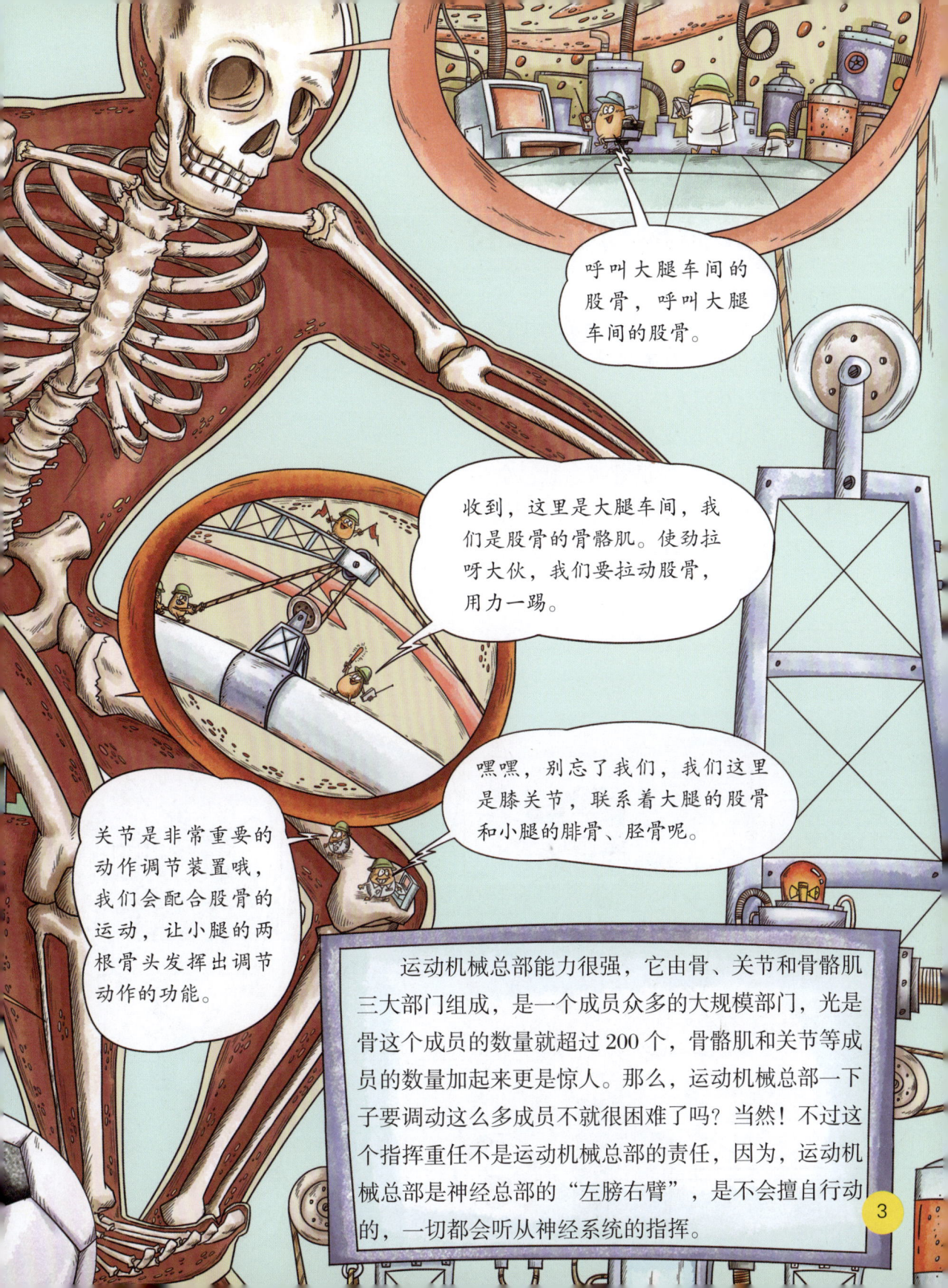

呼叫大腿车间的股骨，呼叫大腿车间的股骨。

收到，这里是大腿车间，我们是股骨的骨骼肌。使劲拉呀大伙，我们要拉动股骨，用力一踢。

嘿嘿，别忘了我们，我们这里是膝关节，联系着大腿的股骨和小腿的腓骨、胫骨呢。

关节是非常重要的动作调节装置哦，我们会配合股骨的运动，让小腿的两根骨头发挥出调节动作的功能。

运动机械总部能力很强，它由骨、关节和骨骼肌三大部门组成，是一个成员众多的大规模部门，光是骨这个成员的数量就超过 200 个，骨骼肌和关节等成员的数量加起来更是惊人。那么，运动机械总部一下子要调动这么多成员不就很困难了吗？当然！不过这个指挥重任不是运动机械总部的责任，因为，运动机械总部是神经总部的"左膀右臂"，是不会擅自行动的，一切都会听从神经系统的指挥。

3

骨：
运动机械总部的主将

在日常生活中，我们建造房子，或是制造机器，都需要有一个支架作为支撑，其实人体小工厂也一样，而把这个小工厂支撑起来的支架便是我们体内的一根根骨头。瞧，全身上下各种不同部位的骨头有规律地连接在一起，从而形成了骨骼。

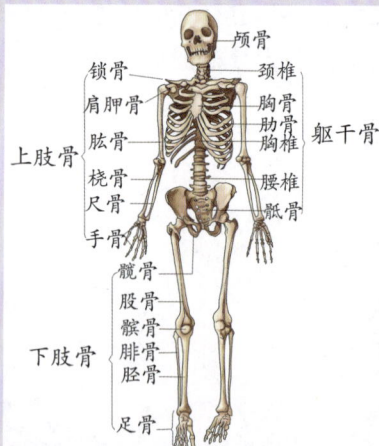

（图中标注）
颅骨
锁骨　颈椎
肩胛骨　胸骨
肱骨　肋骨
　　　胸椎　躯干骨
桡骨
尺骨　腰椎
手骨　骶骨
上肢骨
髋骨
股骨
髌骨
腓骨
胫骨
下肢骨
足骨

哎哟，摔死我了，呜呜……我都听到骨头断裂的声音了，呜呜……疼死我了！

糟糕，八成是骨折了。宝贝，不要乱动。

一旦接收到神经总部发来的运动指令，运动机械总部就会动员手下的骨骼、骨骼肌和骨连接按照指令动起来。因此，可以毫不夸张地说，人类的一切身体运动都离不开骨骼的支持，就连入睡时维持平躺的睡姿，也需要骨骼部门的支撑。

而且，骨骼部门还具有维持我们的体型、缓冲人体冲击力的作用。比如，为什么有的人会长得比较高？那是因为他体内的骨骼部门长得比较长；为什么有的人摔倒在地，却没有伤到内脏部门？那是因为伟大的骨骼部门将摔倒的冲击力给抵御了。

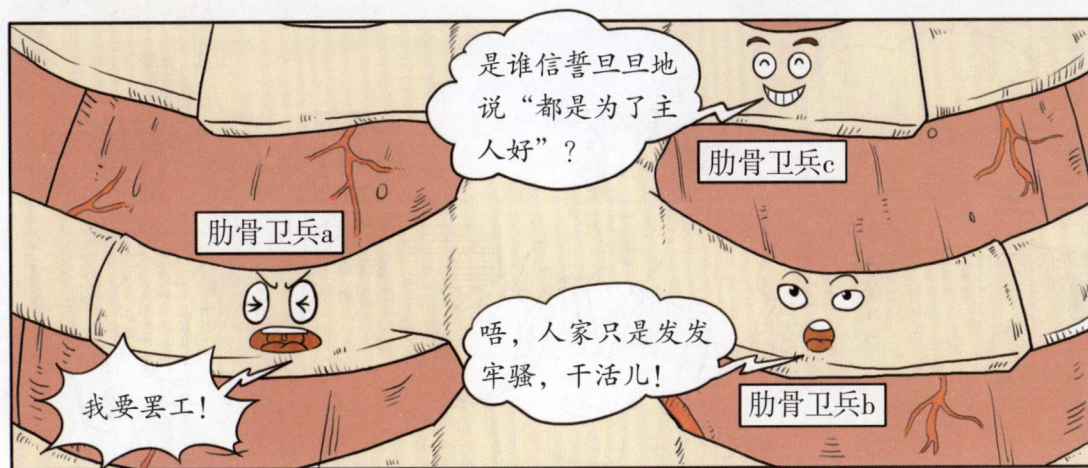

可见，多才多能的骨骼简直就是运动系统总部的主将，不但像个铁汉支撑起人体小工厂，又柔情似水般地保护着其他部门（比如，内脏）。

关节：
运动机械总部的调度员

关节是将两块骨头连接起来的连接器，更是让骨骼灵活运动的关键。因此，若是关节出现故障，那么它所连接的两块骨头就不能灵活运动，只能暂时停工。

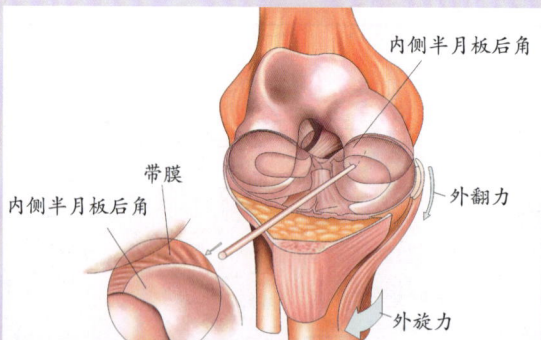

内侧半月板后角

带膜

内侧半月板后角

外翻力

外旋力

爸爸，今天的天气真好，咱们一起踢足球吧。

呃，宝贝，爸爸太久没有运动，关节都"锈"住了，踢不动了。

虽然关节是连接骨骼的连接器，但由于小工厂内部动用的骨骼有太多种类，显然一种形状的关节根本不够用，因此在关节连接器的生产总部，工作人员们便按照不同的骨骼形态研制出了五种不同型号的连接器，分别为膝盖、手肘专用的屈戌关节，脖子和前臂专用的车轴关节，肩膀和臀部专用的球窝关节，脊椎、胸锁和耻骨联合专用的微动关节，以及拇指专用的鞍状关节。

加点润滑剂！

就是。喏，那是球窝关节，肩关节的灵活性可都是它在掌控呢。

关节卫兵b

哇哦，别看我们小，作用大着呢！

关节卫兵a

还有，这是脊椎骨的微动关节……

关节卫兵a

我知道，它还是一个特殊的关节装置呢！

关节卫兵b

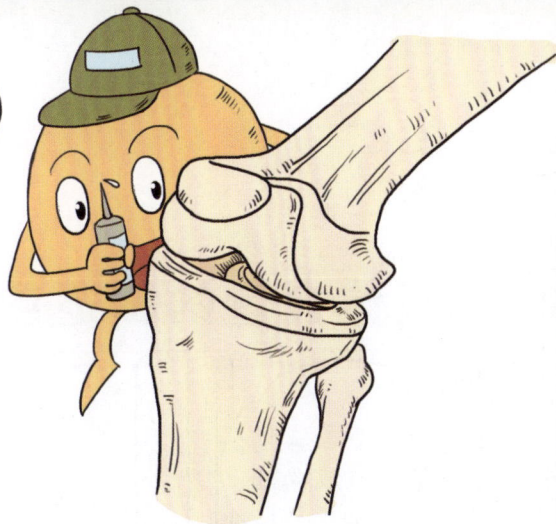

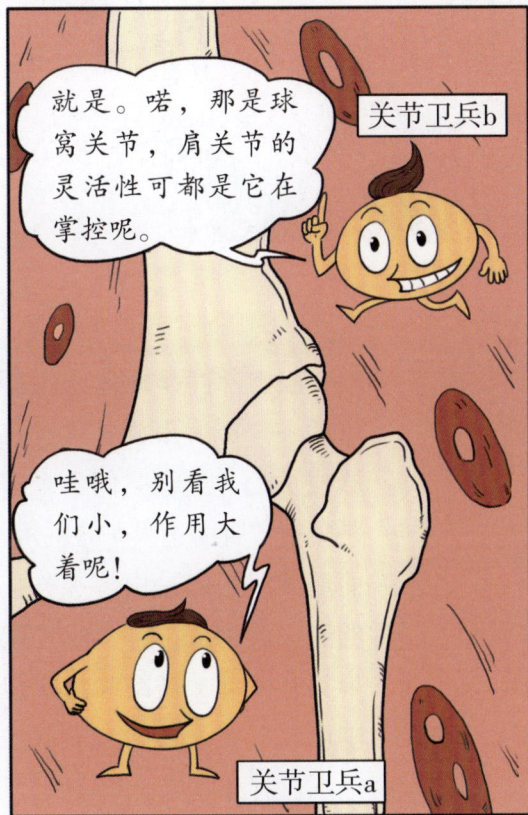

在骨骼部门，如果一个小小的关节罢工，便能致使整个部门停工，真是不可因它的貌不惊人而小瞧它的作用呢！

肌肉：
人体力量的制造中心

爸爸，我不想去做体育锻炼，我要睡懒觉。

宝贝，你不是想做肌肉男嘛，只有多锻炼，肌肉才能好好发育呢。

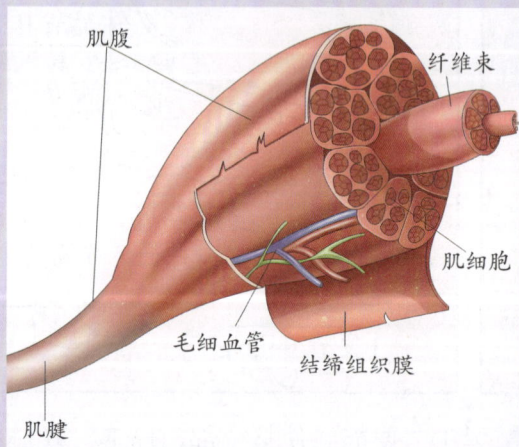

肌腹
纤维束
肌细胞
毛细血管
结缔组织膜
肌腱

　　肌肉部门是人体小工厂里的一个庞大家族，构成家族成员的"组织"们个个都是塑造"肌肉达人"的主角。而肌肉组织则是由特殊分化的肌细胞构成，许多肌细胞聚集在一起，被结缔组织包围而成肌束，其间有丰富的毛细血管和纤维分布。

把手臂拉起来!

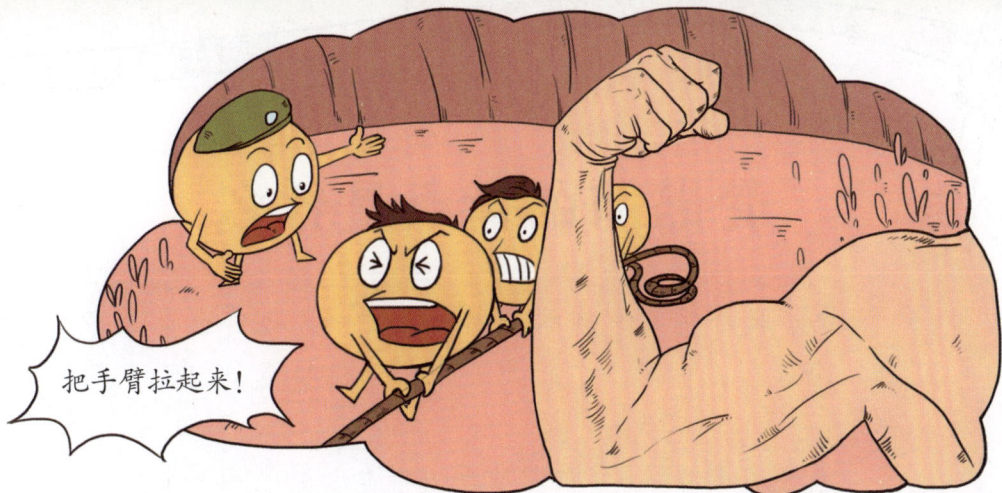

　　与关节一样，肌肉也有着不同的型号，而且每种型号的肌肉都承担着不同的职责。比如，骨骼肌是肌肉家族为骨骼量身打造的一种肌肉，它可谓是肌肉家族中最具活力和本领的龙头老大，专门负责牵动和控制骨骼的运动；平滑肌一般只安装在胃车间、咽喉车间等消化、呼吸部门中，主要掌控人体小工厂内在部门的肌肉运动；心肌可谓是最特殊的肌肉家族成员，不但只被安装在心脏车间，而且还是出了名的不知疲倦的劳动者，一天到晚都在进行着舒张、收缩的动作，控制着我们那"扑通扑通"跳动的心脏。

拜托，你搞错肌肉类型了，这是心肌。

肌肉卫兵a

唔，一时眼花，一时眼花，嘿嘿……

肌肉卫兵b

肌肉卫兵a

赶紧的，把它输送到心脏部门。

没问题!

肌肉卫兵b

　　可见，肌肉就像是人体力量的制造中心，而且，它非常尽职尽责，在它的字典里根本找不到"消极"二字。

9

骨骼肌的特点是什么

骨骼肌是肌肉家族的三大成员之一，也是数量最多的一个族群，而且，它们有一个鲜明的特点：依附在骨骼上面。

其实说得直白点，它们就是依附在骨骼上面的肌肉。那么，为什么它们非要依附在骨骼上面呢？因为牵引骨骼活动就是它们的职责所在。而且，在人体小工厂里，还流传着这样一句话："如果说骨骼是行军打仗、冲锋陷阵的硬汉子，那么骨骼肌便是运筹帷幄的幕后军师！"

什么是达人

　　经常听到有人说："哟，你可真是个运动达人。"或是"我是音乐达人。"……那么，达人到底是指什么呢？

　　其实，达人是指在某一领域的技艺非常精湛，或是对某方面的知识非常精通的人，也就是所谓的某一专业的高手。

11

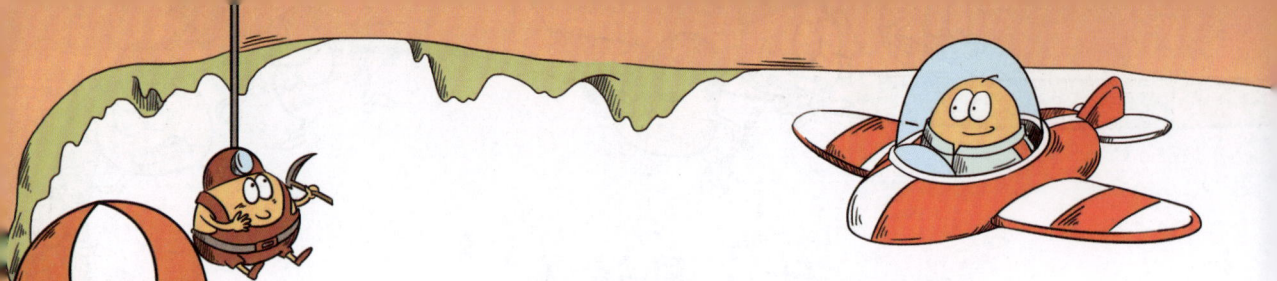

我们为什么会骨折

在日常生活中，有时只是在不经意间，我们便遭遇骨折悲剧。那么，到底是什么原因致使悲剧发生的呢？

（1）积累性劳损：当身体的某个部位只受到轻微的损伤时，我们大多不会在意，殊不知若是多次反复地出现这种现象，便很容易致使这一部位发生骨折。

（2）直接暴力：当有暴力直接作用在身体的某一部位(比如，车门撞击手臂）时，便很容易致使该部位发生骨折。

（3）间接暴力：举例来说，如果我们从高处跌落，当足部着地的那一瞬间，我们胸腰脊柱交界处的椎体很可能会发生爆裂性骨折。

我们的肌肉为什么会拉伤

在日常生活中，由于各种原因，我们难免会遭遇肌肉拉伤的悲剧。比如，在进行体育运动前，准备活动做得不够充分；或是训练水平不够，肌肉的弹性和力量还较差；或是运动过度，致使肌肉的功能下降，力量减弱；或者是在做运动时，注意力没有集中，而动作又过于粗暴。种种原因都可能导致悲剧的发生。

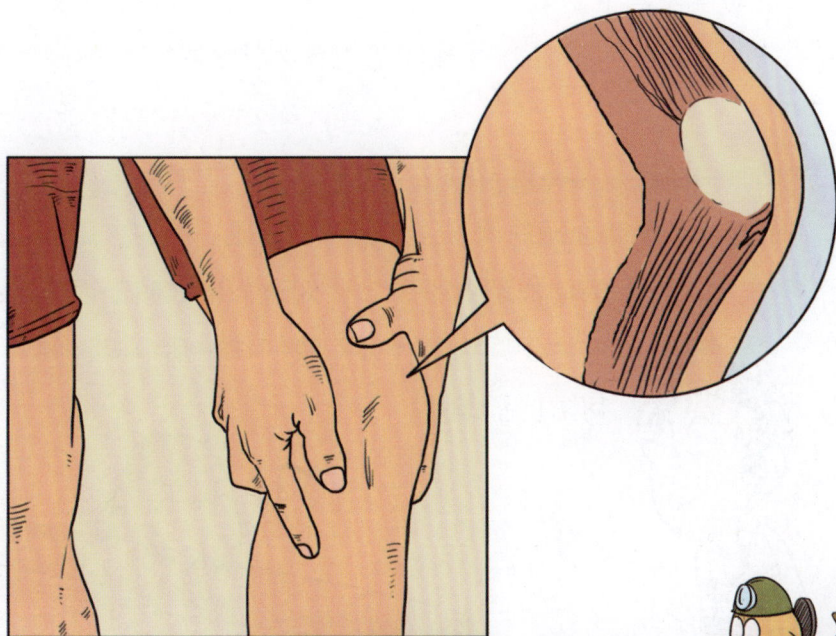

智慧蛋

1. 热身运动是我们进行体育锻炼前需要进行的准备运动，它能帮助我们拉伸肌肉、韧带、骨骼等，避免因为剧烈运动而受伤。你知道有效的热身运动都有哪些吗？

2. 运动结束后，老师和爸爸妈妈会叮嘱我们利用放松运动慢慢停下来，千万不能马上停下来，否则容易抽筋，也会引发肌肉酸疼。你知道这是为什么吗？

3. "面瘫"其实是一种医学上称之为"面神经麻痹"的疾病。患有面瘫的病人连最基本的闭眼、抬眉、鼓腮的动作都做不了。你知道为什么吗？面瘫的诱发原因是什么？我们在生活中应该如何防止面瘫呢？

骨：

第二章

运动机械总部的中坚力量

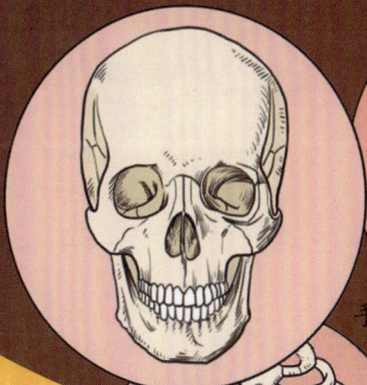

头骨

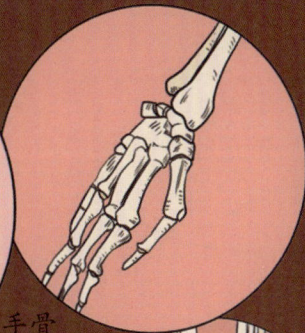

手骨

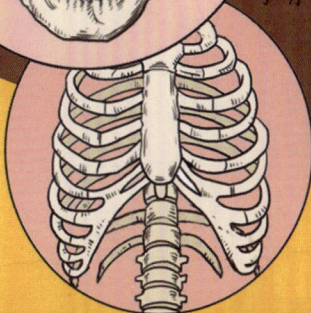

胸骨

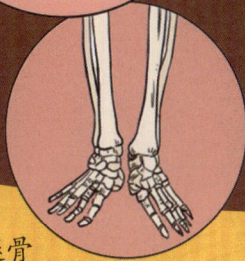

腿骨

骨：

构建人体小工厂的大框架

骨骼是由一块块骨头连接起来所形成的一类器官，它们会随着小主人的发育而不断成长。当小主人未成年时，人体小工厂里的骨头还比较脆弱，根本不能以"硬汉"自居。

看，这种骨骼中的"巨无霸"叫长骨，小主人的手臂、腿部都需要依靠这些长骨来支撑。

这是扁平骨，比较薄，可塑性强，多用于塑造头颅。

还有这个哦，这是种籽骨。它不显眼，一般是镶嵌在肌肉里头。可是它的作用很强大，能防止肌肉和关节挨得太近，避免肌肉受伤哦。

哇哦，老爸，你身上可比我硬多了，你肯定是多长了几块骨头。

儿子，其实你身上的骨头比我还要多几块呢。爸爸身上大部分都是肌肉，当然硬实了。

欢迎来到骨骼制造中心哦，小伙伴们！

那当然，骨骼可是人体小工厂中一等一的"大块头"，不仅体积大、外壳坚硬，而且形状还各不相同呢。

这里的规模好大哦。

而这种小家伙叫短骨，主要用来连接关节装置，比如手足的安装就需要用到它们。

接下来，就是个长相奇特的家伙了，它们是不规则骨，是脊椎骨和髋骨专用的。

骨头主要由有机物和无机物组成，有机物是胶原蛋白、糖蛋白，它们能保证骨质的韧性；而无机物主要为钙盐，它们是能使骨质坚硬的主要元素。骨头所含的无机物比例随着我们年龄的增长逐渐增加。因此，在我们孩童时期，骨头虽然具有良好的弹性，但却不够硬朗；直到我们成年时，它才摇身变成响当当的"硬汉"！

17

骨：
坚强硬朗的汉子

宝贝，你今天怎么又没有喝牛奶呢？要知道牛奶里含有丰富的钙质，可是骨头的最爱！

那就让骨头喝吧，反正牛奶不是我的最爱……唔，你别瞪人家嘛，我喝就是了。

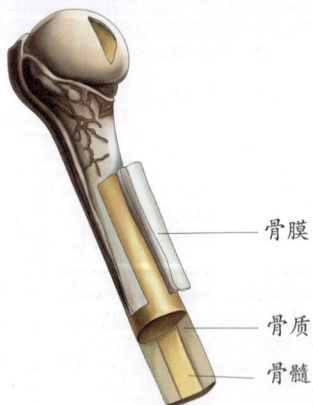

骨膜

骨质

骨髓

别看骨头硬邦邦的，它里面"装着"的"东西"还真是不少。瞧，不管是长骨、短骨还是扁平骨，它们内部都含有构成骨头所必需的标准配备，即骨膜、骨质和骨髓。而骨细胞又包括骨原细胞、成骨细胞、骨细胞、破骨细胞。

这个骨头武器太硬了！

组成骨头的成员们各司其职。瞧，骨质围成了一个空心的管，能更好地缓冲外力；骨质中的无机物可以和钙、磷等元素结合成像石头一样的物质，从而让骨头内部变得坚固；当然，有机物也没闲着，它们像钢筋一样，密密麻麻地排列着，形成一张蜘蛛网似的结构。

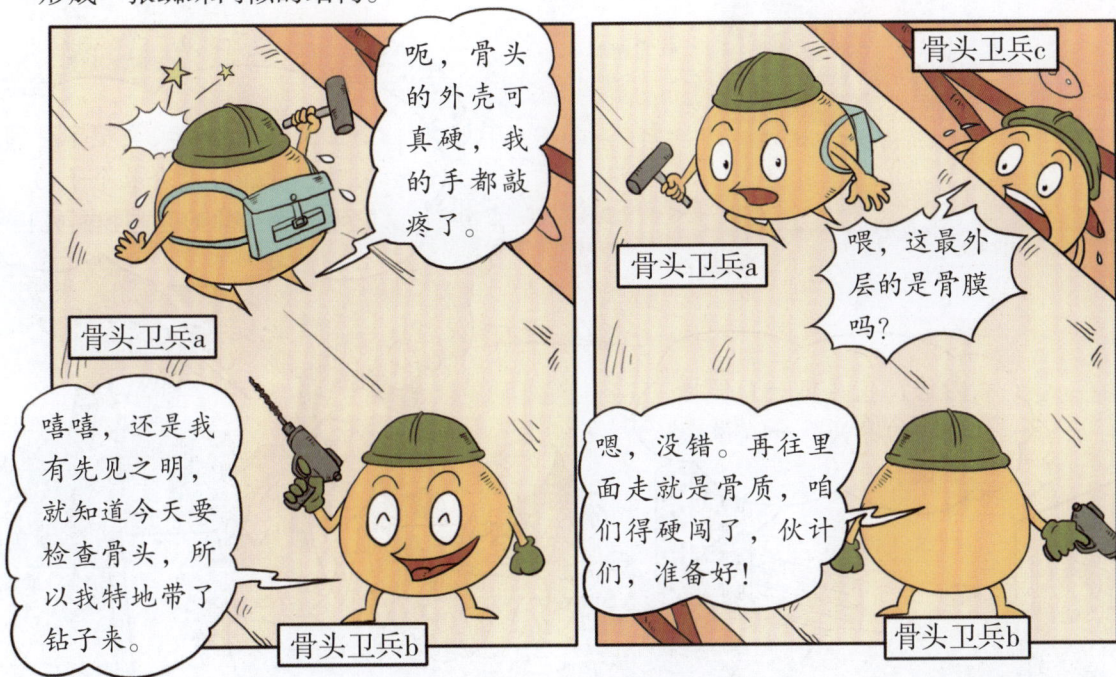

呃，骨头的外壳可真硬，我的手都敲疼了。

骨头卫兵a

嘻嘻，还是我有先见之明，就知道今天要检查骨头，所以我特地带了钻子来。

骨头卫兵b

骨头卫兵c

骨头卫兵a

喂，这最外层的是骨膜吗？

嗯，没错。再往里面走就是骨质，咱们得硬闯了，伙计们，准备好！

骨头卫兵b

显然，正是因为有了骨质、骨髓中的无机物和有机物，骨头才具备了硬朗的外壳、坚固的核心、紧密的网络。而且，也正因为如此，骨头们才蜕变为"硬汉"！

19

骨细胞：
骨骼成长的促进素

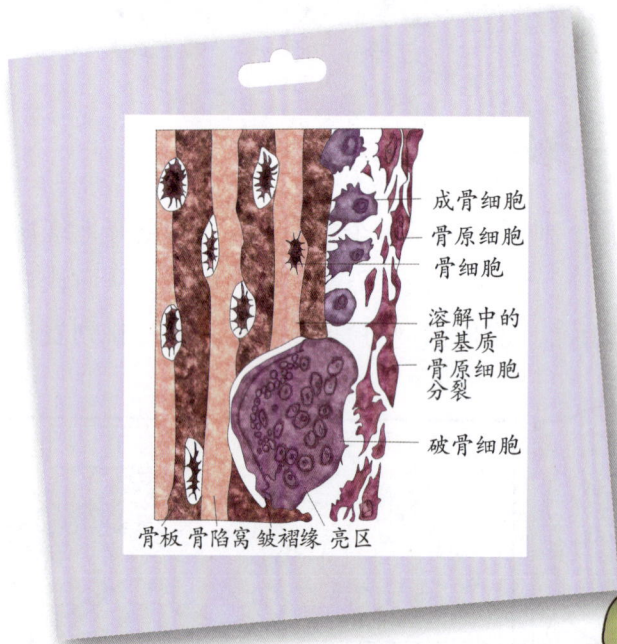

骨细胞长得像蜘蛛，它们一般会在骨密质附近的骨陷窝内"聚居"，最大的本领便是"繁衍分支"，不断地促使骨头长高、长大。因此，它们会不断地从动脉运输员那儿提取氧气和养分，并及时地提供给骨头；而且又会不时地将骨头里产生的废气和废物排向静脉运输员。

成骨细胞
骨原细胞
骨细胞
溶解中的骨基质
骨原分裂
破骨细胞

骨板 骨陷窝 皱褶缘 亮区

小宝贝，你恐怕要失望了。因为呀，骨骼可是会长个子的，它才不会受你的意志控制呢！

老爸，我真想一直保持这样的身高，一直做个小孩子！

骨细胞是一个大族群，因此，族群中有两大门派，即成骨细胞和破骨细胞。显而易见，这两大门派是唱反调的，一个负责促进骨骼成长，一个则专门破坏骨骼。但是，它们彼此之间缺一不可，必须同时存在，这是为什么呢？原来呀，在成骨细胞的努力下，骨头虽然会不断地成长，但也带来了不少麻烦。这不，随着骨头的长大，中间中空的骨髓腔也要随之变宽才行。这可怎么办呢？瞧，破骨细胞扭着小腰赶来了，它开始大力"破坏"骨内的管壁，好让骨髓腔能跟上骨头成长的比例，变得宽一点，再宽一点，从而容纳更多的骨髓。

可见，无论是成骨细胞，还是破骨细胞，它们都在为了骨骼能够完美地成长而"奋斗"着。

骨膜：
骨骼的信号收发器

爸爸，问你一个问题，骨膜和细胞膜是同一类物质吗？

答案都在这本书上呢，自己找找吧。

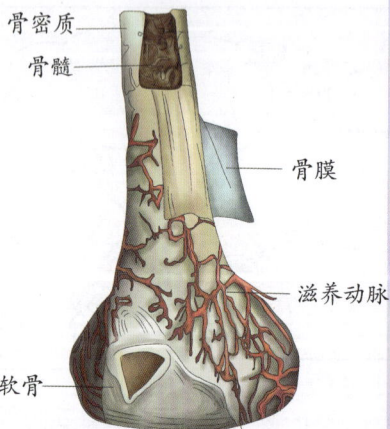

骨密质
骨髓
骨膜
滋养动脉
关节软骨

骨膜是覆盖在骨头表面的一层厚实致密的结缔组织，它有内外两层。但是，千万别以为骨膜只是骨头的外衣，它的作用和职责可远远不止为骨头增加保护层这么简单呢。

若说骨膜对骨头所起的作用，我们不妨先从骨膜的外层说起。由胶原纤维编织而成的外层含有丰富的血管和神经，专门负责掌控骨头的营养供应和信息感受；内层不但有粗粗的胶原纤维，更有丰富的成骨细胞，它们整齐地排列在内层附近，专门促进骨头的发育成长。然而，骨膜更厉害的"身手"是在骨头康复过程中扮演重要角色。主人一旦发生骨折，它当即就会接收到"受伤信息"，然后便会变得异常积极和活跃，急忙从身体各个部分召集营养物质到受伤的骨头位置，而且又会不断地促进成骨细胞的繁衍增殖，从而让伤口尽快"缝接"起来。

骨头卫兵c

快，通知骨膜，让它们全面提高应对力度。

一定是他不小心，撞伤了骨头……啊，天摇地动的，怎么办？

骨头卫兵b

糟糕，车间受到严重撞击……啊！

骨头卫兵a

显然，骨膜不但有着结实的"外表"，而且拥有一身的好"本事"，能为骨头"遮风避雨"，更能在骨头受伤时，给予它最好的"保护"。

骨质：

骨骼的坚强保护盾

　　骨膜下面便是骨头坚硬的外壳，而"暴露在外"的那一层硬邦邦的骨头表面则叫骨密质；骨密质下面还有一层像海绵一样，并具有立体感的网状结构，它就是骨松质。骨质便是由骨密质和骨松质构成的。

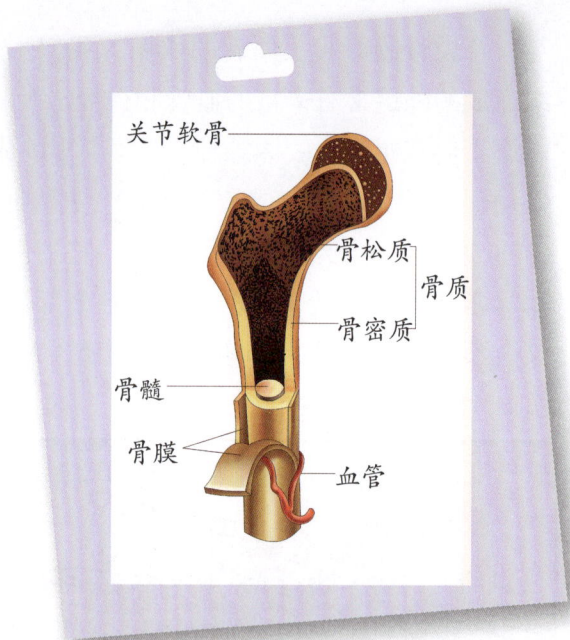

关节软骨

骨松质

骨质

骨密质

骨髓

骨膜

血管

宝贝，骨质其实是维持骨头坚硬的外壳，而骨质疏松就是说骨质变得不像从前那么致密、坚硬了。

爸爸，我听妈妈说奶奶有点骨质疏松，那是什么意思呀？

骨密质主要包裹在骨的表面，由一个个排列得非常紧密、一个紧挨着一个的骨板组成。骨板本身就具有非常坚硬的质地，所谓"团结力量大"。试想一下，那么多的骨板排列在一起，组成的骨密质该有多坚固。因此，作为骨的表面，骨密质便理所当然地抵受着冲击，承担起保护骨头的责任；骨松质就位于骨密质的下方，那里简直就是一个海绵世界，布满了微细的立体网状结构——薄骨板（由骨小梁构成），它们聚集在一起，就像是一个缓冲带一样，缓冲着骨密质所受到的冲击，从而避免骨头内部受到伤害。

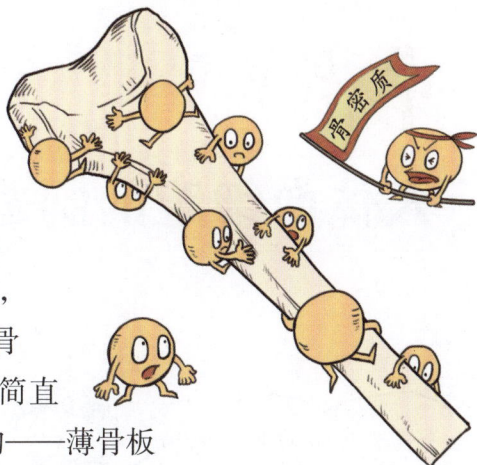

哇哦，我说怎么这么硬呢，原来是碰到骨板了。

骨头卫兵a

它可是出了名的硬汉。

骨头卫兵b

哎，为骨头维修可真是不容易，到处"碰壁"。

骨头卫兵a

谁说不是呢。哎哟，我也被撞了一下。

骨头卫兵b

骨质的两大部门成员，一个负责抗压，一个负责缓冲。它们为了保护骨头，可谓拼尽了全力，也正因为它们如此拼命，骨质被运动机械总部誉为"骨骼的坚强保护盾"！

25

骨髓：
人体血细胞的制造中心

爸爸，我们班的潇潇生病了，说是要做骨髓方面的检查呢。骨髓是什么？它与骨头有关系吗？

当然有，而且关系很大，要知道骨髓可是整个骨头的精髓，它里面含有丰富的造血细胞呢。

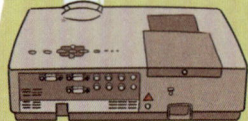

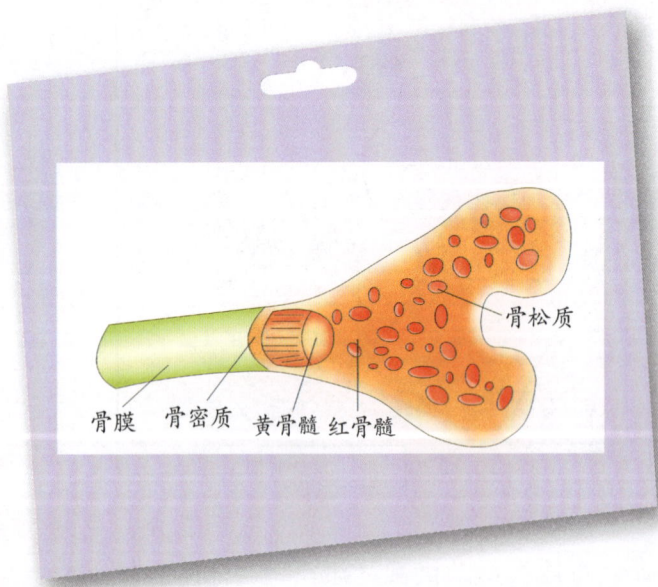

骨松质

骨膜　骨密质　黄骨髓　红骨髓

　　在骨的内部，有一种像是果冻一样的物质，它们就是骨髓。据说，它们在骨内的具体位置与骨的型号有着莫大的关系。如果骨的型号为长骨，那它们就会聚集在骨髓腔内；如果骨为扁平骨或是不规则骨，它们便只"寄居"在骨松质网状结构的网眼中。

骨髓具有超强的造血功能，据说，它们每天能生成 120 亿个新鲜的红细胞！瞧，当我们处于孩童时期时，它们就像是勤劳的小蜜蜂似的，不停地制造着血液，一来是为了让我们的骨头能够发育良好，二来是为了让我们有一个棒棒的身体。而且，此时的骨髓还有一个漂亮直观的名字——红骨髓。然而，随着我们年龄的增长，红骨髓中的脂肪会逐渐增多，而它也自然而然地蜕变为黄骨髓。但是，黄骨髓并不擅长造血，因此，在红骨髓蜕变的过程中，骨髓的造血功能也会逐渐下降。但当机体严重缺陷时，部分黄骨髓也可以转化为红骨髓，恢复造血功能。

可见，作为人体血细胞制作中心的骨髓，它们造血功能的强与弱，与我们处于哪一个年龄段具有一定的关系。

人体有多少块骨头

　　一般来说，我们都会认为人体总共有206块骨头，包括颅骨、躯干骨和四肢骨三大部分。其中，颅骨有29块，躯干骨有51块，四肢骨则有126块。其实，当我们在不同的年龄段时，骨头数目是不相同的。

　　比如，当我们处于孩童时期时，身上的骨头应为217～218块。这是为什么呢？原来呀，儿童的骶骨有5块，长大成人后才会合为1块；尾骨有4～5块，长大后也会合成1块；而2块髂骨、2块坐骨和2块耻骨，到成人后则会合并成为2块髋骨。

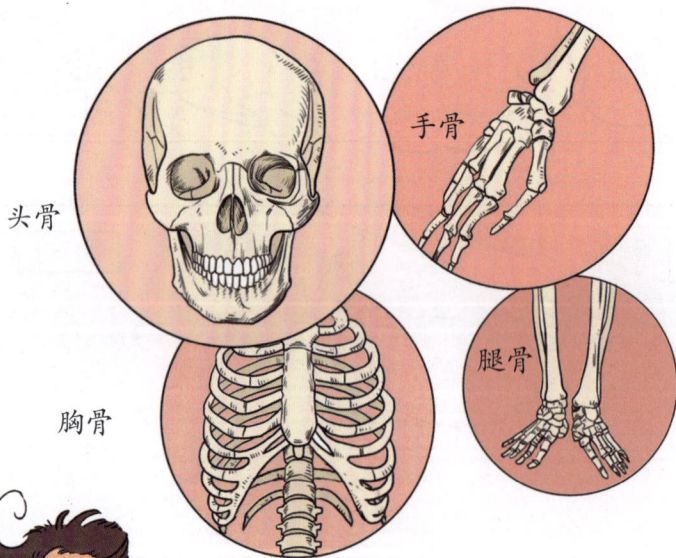

头骨

手骨

胸骨

腿骨

细胞膜的作用是什么

细胞膜又称细胞质膜，它是细胞表面的一层薄膜，仅有 7~8 纳米的厚度，主要由脂类、蛋白质、糖分，以及少量的水分、无机盐、金属离子等构成。那么，对细胞来说，细胞膜具有哪些方面的作用呢？

（1）可防止细胞外的物质自由进入细胞。

（2）可维持细胞稳定代谢的胞内环境。

（3）可调节和选择物质进出细胞。

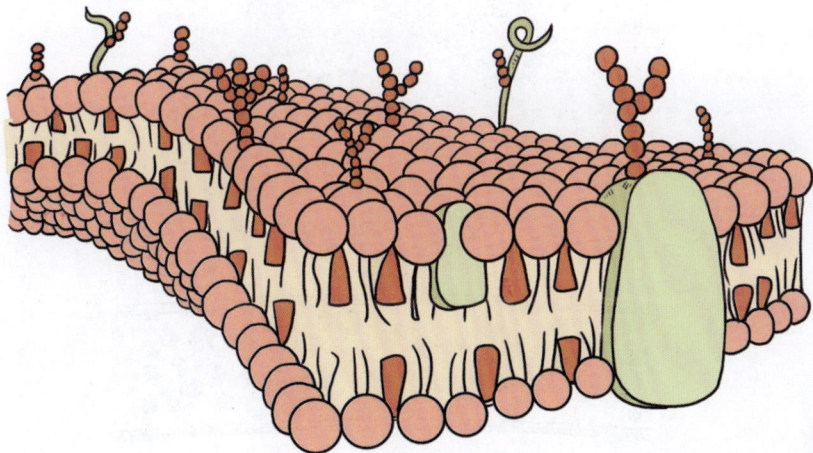

细胞膜

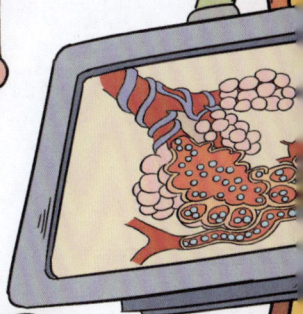

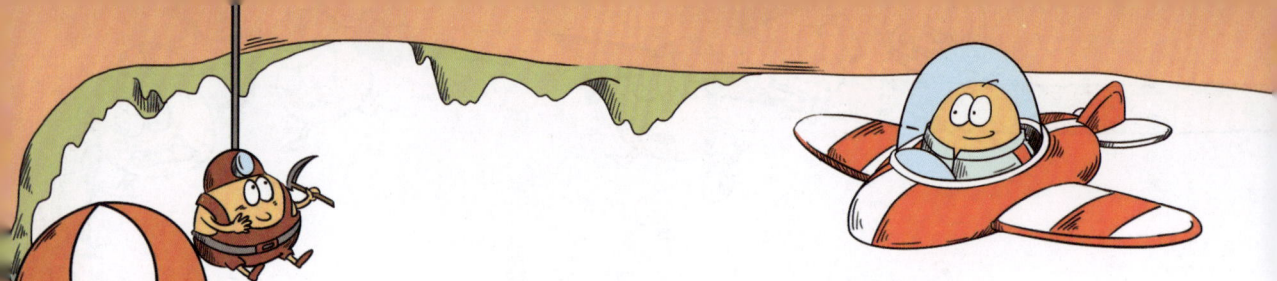

人小鬼大的红细胞

在我们的血液中，住着这样一群数目庞大的细胞，它们不但是血液运送氧气的主要媒介，还具有一定的免疫功能，它们就是红细胞。而且，我们的血液之所以呈现红色，可全都是它们的功劳呢。这是为什么呢？原来呀，它们的身体内部含有大量的血红蛋白，而血红蛋白所起的作用可不只是充当"调色板"。红细胞正将吸入肺泡中的氧气与体内的二氧化碳进行交换呢。

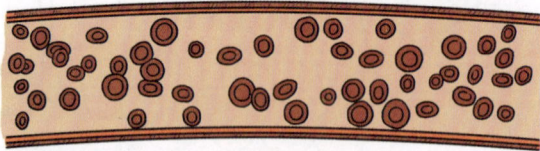

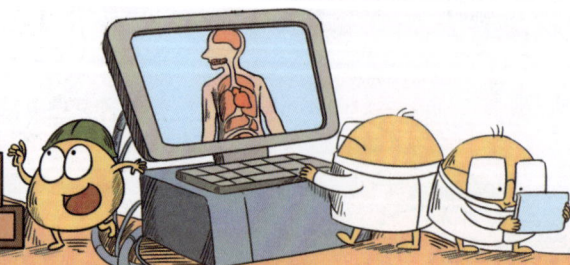

胶原蛋白有什么作用

胶原蛋白是一种生物高分子，而且是一类蛋白质大家族，可分为纤维胶原、基膜胶原、微纤维胶原、锚定胶原、非纤维胶原、跨膜胶原、六边网状胶原等七大族员。那么，胶原蛋白有哪些方面的作用呢？

（1）可作为生物医学材料，比如，可利用胶原蛋白制成缝合线。

（2）可应用于治疗烧伤方面。

（3）可作为美容产品。

（4）可应用于食品行业，比如，作为添加材料。

（5）可利用制革的残次皮料、边角余料等作为原料，生产出饲料用蛋白。

缝合线

面膜

蛋白粉

智慧蛋

1. 钙能帮助骨头保持坚硬的状态，让骨骼生长得更好。所以，生活中我们应该多吸收钙，补钙的同时还需要补充维生素D来促进钙质的吸收，但补钙也要适量。那么，你知道哪些日常食物是含钙丰富的"优秀分子"吗？

2. 如果在一天的早上和晚上分别量一次身高，我们便会发现，早上的身高竟然比晚上的身高要高。这是怎么回事？

3. 人的身高随着年龄的增长而变化。在发育期、青春期阶段，我们会不断长高，等成年了，身高就基本固定了。但是，奇怪的事情发生了，当我们进入老年阶段后，竟然会变矮！你知道为什么老人会变矮吗？

重要骨骼：

第三章

运动机械总部的核心战队

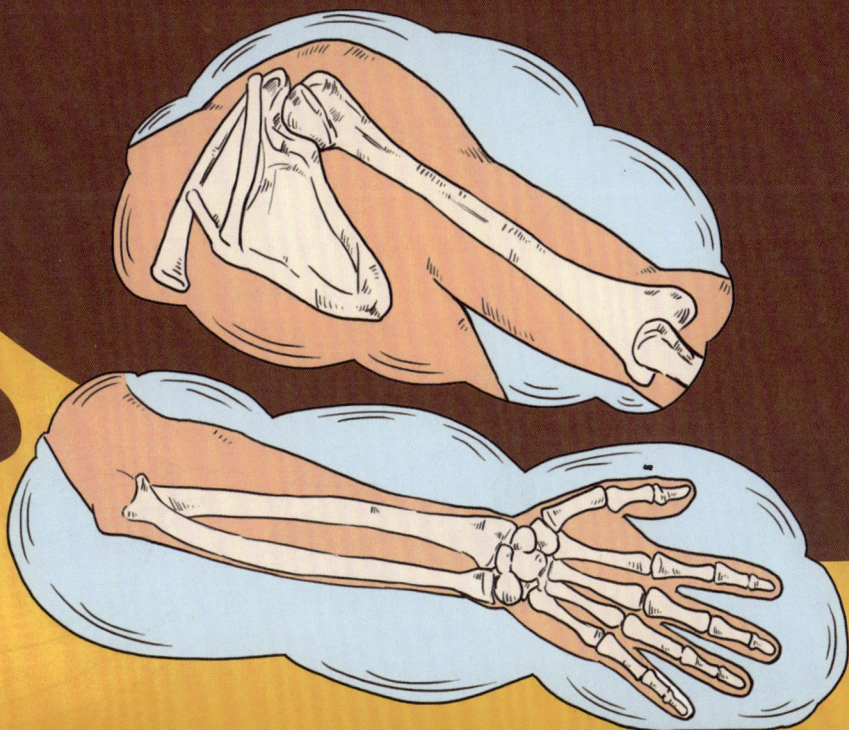

头颅：

头部的骨骼护卫军

头颅是整个人体框架中最为复杂的骨骼。瞧，它由多个不规则的骨块按照精巧的比例结合而成，可分为脑颅骨和面颅骨两大部分。

面颅骨的安装是个技术活，我们安装出来的形态决定了小主人的五官位置和脸部形态。

哈哈，面颅骨安装得不错哦，小主人的五官一定会很立体，大眼睛、高鼻梁的，帅气耶！

我看看……没事儿，没事儿。小宝贝，我们的头颅骨可是非常坚硬和扎实的骨骼，才不会那么轻易就被撞坏呢。

每一副面颅骨都需要留白，留下眼眶、鼻腔、口腔和耳朵所需的颧骨衔接位置。

哎哟，这该死的松树，撞疼我了。呜呜……头好疼，一定是给撞坏了。爸爸，该怎么办呢？

耶！安装好了，脑颅骨顶部的拱形砌得非常好，能有效缓冲外部冲击力，哪怕小主人头部受到撞击，也能将冲击力顺着拱形分散到头颅各处，更好地保护大脑。

哎哟喂，我们接了这天底下最艰难的任务。

啊？是什么？

可不就是制造头颅嘛，这确实非常难，而且要十分精细。

对，额骨、顶骨和枕骨可以将大脑车间包围起来，保护小主人的大脑。

来喽来喽，我将额骨、枕骨和顶骨搬过来了。

头颅分为脑颅骨和面颅骨两部分。我们首先要从鼻根出发，将额骨、枕骨和顶骨分别安装在眼眶上方、左右两侧以及顶部位置。

这不是很简单嘛，一个脑颅骨，一个面颅骨，一衔接就完了，为什么说很复杂呢？其实，无论是脑颅骨，还是面颅骨，本身的构造过程是很复杂的，比如脑颅骨，它由8块不规则骨组成。这些不规则骨必须刚刚好，前前后后贴合缝接在一起，才能让脑颅骨呈现出卵圆形，以覆盖住整个大脑。又比如，面颅骨的各个不规则骨之间必须非常精巧，在缝接的过程中留下眼眶、鼻腔、口腔等。这些建造工艺都是技术活，要是建造得不好，小主人可就"少鼻子缺眼儿"呢。

颈椎：
调控头部和颈部的司令员

老爸，您怎么跟孩子似的，也喜欢摇头晃脑？

我这是在做颈椎操！

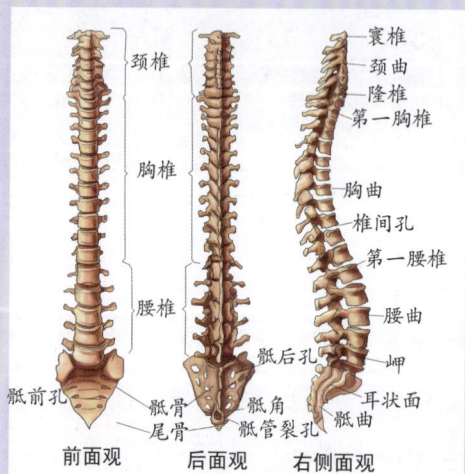

前面观　后面观　右侧面观

颈椎
胸椎
腰椎
骶前孔
骶骨
尾骨
骶角
骶管裂孔
骶后孔
寰椎
颈曲
隆椎
第一胸椎
胸曲
椎间孔
第一腰椎
腰曲
岬
耳状面
骶曲

颈椎车间位于头颅下方、胸部上方，它是脊椎骨车间的小分部，由第一颈椎、第二颈椎……第七颈椎七个成员组成。它是仅次于大脑车间的人体神经指挥官，不但负责调节我们的身体运动，更负责控制头部运动。

　　作为头部运动的调控员，颈椎的本事自然不容小觑。瞧，为了让大脑和五官发挥最好的功能，它不仅有着超强的敏锐性和灵活性，本身的活动范围更是比其他脊椎车间的分部大上不少。比如，正常人的颈椎可以前屈、后伸、左右侧弯、左右旋转……真是厉害呢！若是称它为一流的"运动调控大师"，一点儿也不夸张。而且，它更是各大骨骼之中工作最勤劳的一员。我们的一个低头，一个抬头，都要受到它的调控呢！

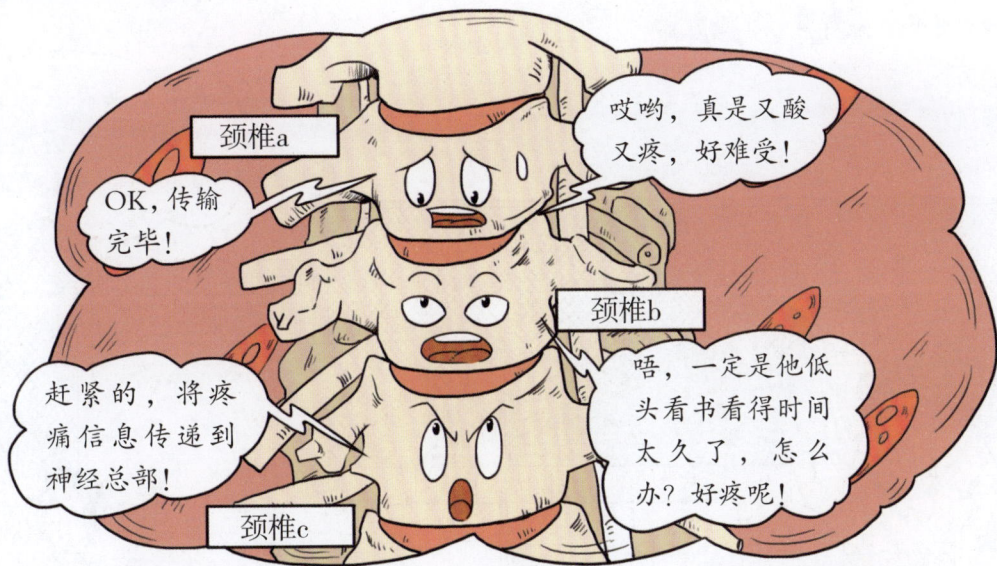

　　可见，颈椎虽然是"五短身材"，但却身怀绝技，难怪会成为操控整个头部运动的"军师"呢。

肱骨：
掌控手臂的一哥

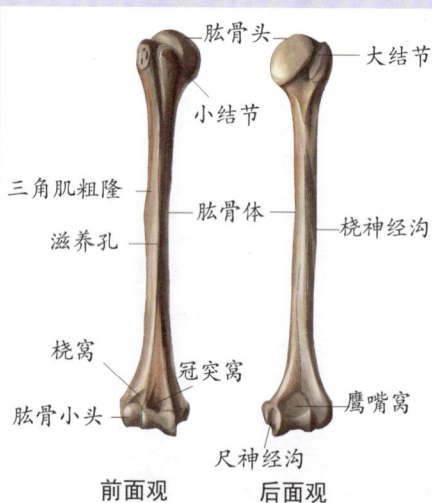

伸出手臂，我们便会发现肘关节将手臂分成了两节，其中靠近手掌位置的前臂里有两根骨，分别为尺骨和桡骨，它们连接着我们的手掌，是非常重要的骨骼；而上臂里"住"着肱骨，它控制着整条手臂的运动。它在整个人体框架中所处的位置是尺骨与桡骨不能相比的。

肱骨头 —— 大结节
小结节
三角肌粗隆 —— 肱骨体 —— 桡神经沟
滋养孔
桡窝 —— 冠突窝
肱骨小头 —— 鹰嘴窝
尺神经沟
前面观　　后面观

老爸，为什么你打羽毛球感觉那么有力度，可我打球却总是力度不足呢？

皮皮，打羽毛球应该用肱骨发力，这样才会有力度！

肱骨其实是一条长骨，它上面连接着肩关节，下面则连接着肘关节，是支撑起手臂的主要框架。而且，它虽然没有与手掌直接相连，但它们之间却有着非常密切的关系。比如，我们伸手拿苹果时所做的一个简单动作，尽管到最后真正握住苹果的是我们的手指，但调控手臂的高度、让手臂能够自由运动的却是肱骨。因此，肱骨对于手臂来说，就好比一个调节大方向、大动作的主将，而手掌、手指的骨骼则是负责将工作落到实处的小兵。

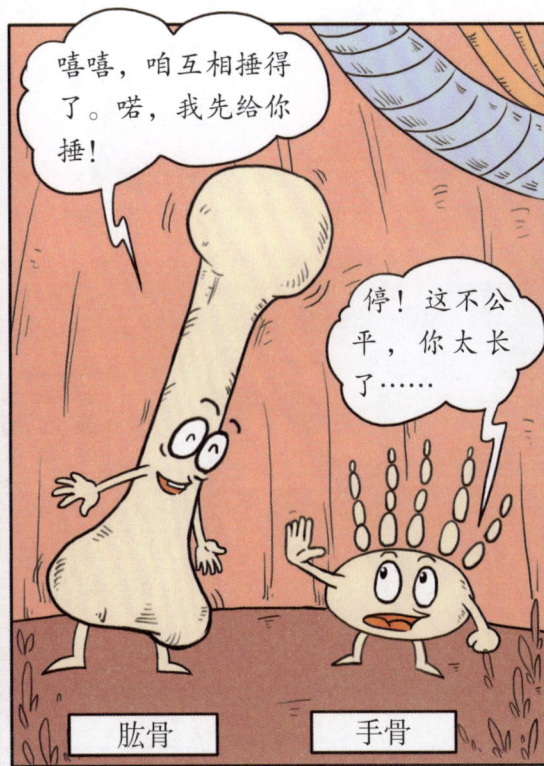

当我们进行每一个与手臂有关的动作时，肱骨都会忙着调节手臂运动的角度与高度，真是个"大忙人"呢！

股骨：
支撑躯干的龙头老大

股骨是"安装"在我们大腿部位的大腿骨，它是人体中最大最长的长骨，一般来说，它的长度能达到人体高度的 27%，真是个典型的"大个子"！

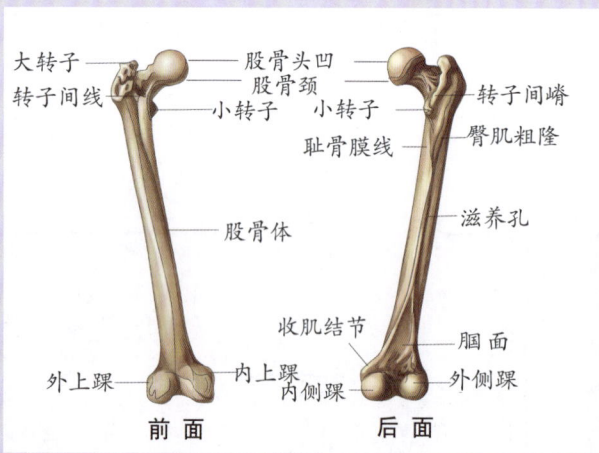

前面	后面
大转子	股骨头凹
转子间线	股骨颈
小转子	小转子
	转子间嵴
耻骨膜线	臀肌粗隆
股骨体	滋养孔
收肌结节	腘面
外上踝	内上踝
内侧踝	外侧踝

老爸，为什么衡量一个人能否长成大高个，一般都要看他腿的长度呢？

那是因为我们的大腿长度相当于身高的27%，所以，腿长在一定程度上能代表个子也会相对高呢。

在骨骼家族中，长长的股骨是支撑整个人体的主力军，专门承受着人体的重量。也正是因为如此，它在庞大的骨骼家族中才能"声名鹊起"，成为响当当的"人物"！这不，不管主人是小瘦子，还是大胖墩，它总能将主人支撑得稳稳当当。这是为什么呢？原来呀，它的内部自有乾坤。在它的中间可是隐藏着不少又粗又壮，而且还微微向前凸起的股骨体，要知道就是它们让股骨变得犹如健壮的战士一般，能承受超过自身几倍的重量。

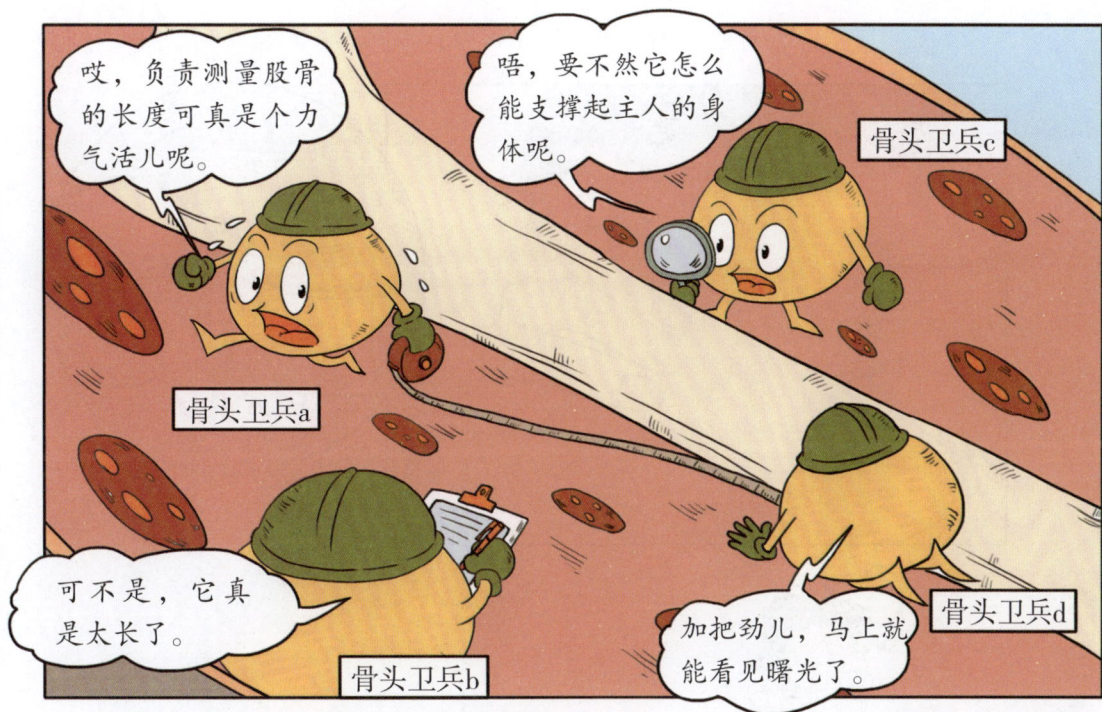

好疼好疼！

咣当~

哎，负责测量股骨的长度可真是个力气活儿呢。

唔，要不然它怎么能支撑起主人的身体呢。

骨头卫兵c

骨头卫兵a

可不是，它真是太长了。

骨头卫兵b

加把劲儿，马上就能看见曙光了。

骨头卫兵d

股骨俨然是整个人体骨骼框架中的老大哥，用自己那并不伟岸的"小身板"毫无怨言地支撑着主人那或胖或瘦的身体。

人为什么会患颈椎病

目前，颈椎病已经不再是老年人的专有病，很多年轻人也早早地与它结缘，动不动就会感觉脖子僵硬，甚至手臂酸麻。那么究竟是什么原因让他们患上了颈椎病呢？

（1）颈椎有先天性畸形。

（2）颈椎发生退行性病变导致的增生。

（3）慢性劳损，比如，写字与工作时不当的坐姿，不适当的体育锻炼，不良的睡眠体位等。

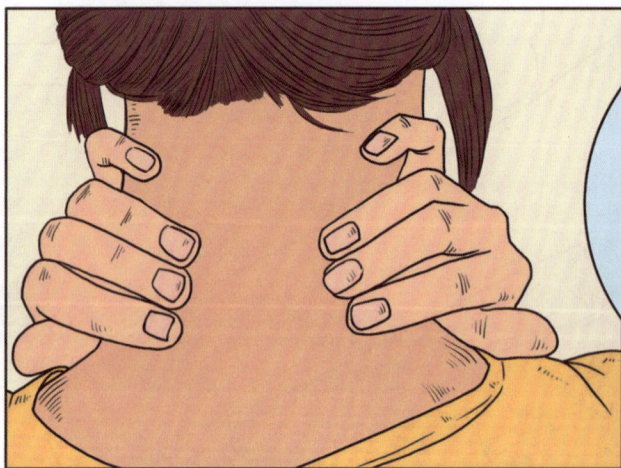

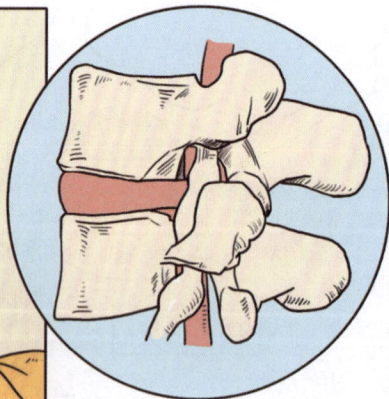

手骨的秘密

　　人每只手的手骨有27块骨头，它们分为三大类别，分别是腕骨、掌骨、指骨。其中腕骨由8块短骨组成，它们分为两列，通过腕关节和前臂联系在一起，从而让手腕可以灵活地上下转动；掌骨共有5块，它们的根部和腕骨联系在一起，向前则分别通向五根手指；指骨是手指头的骨架，而且每只手都有14块，其中食指、中指、无名指和小指分别有3块指骨，而大拇指只有2块指骨。

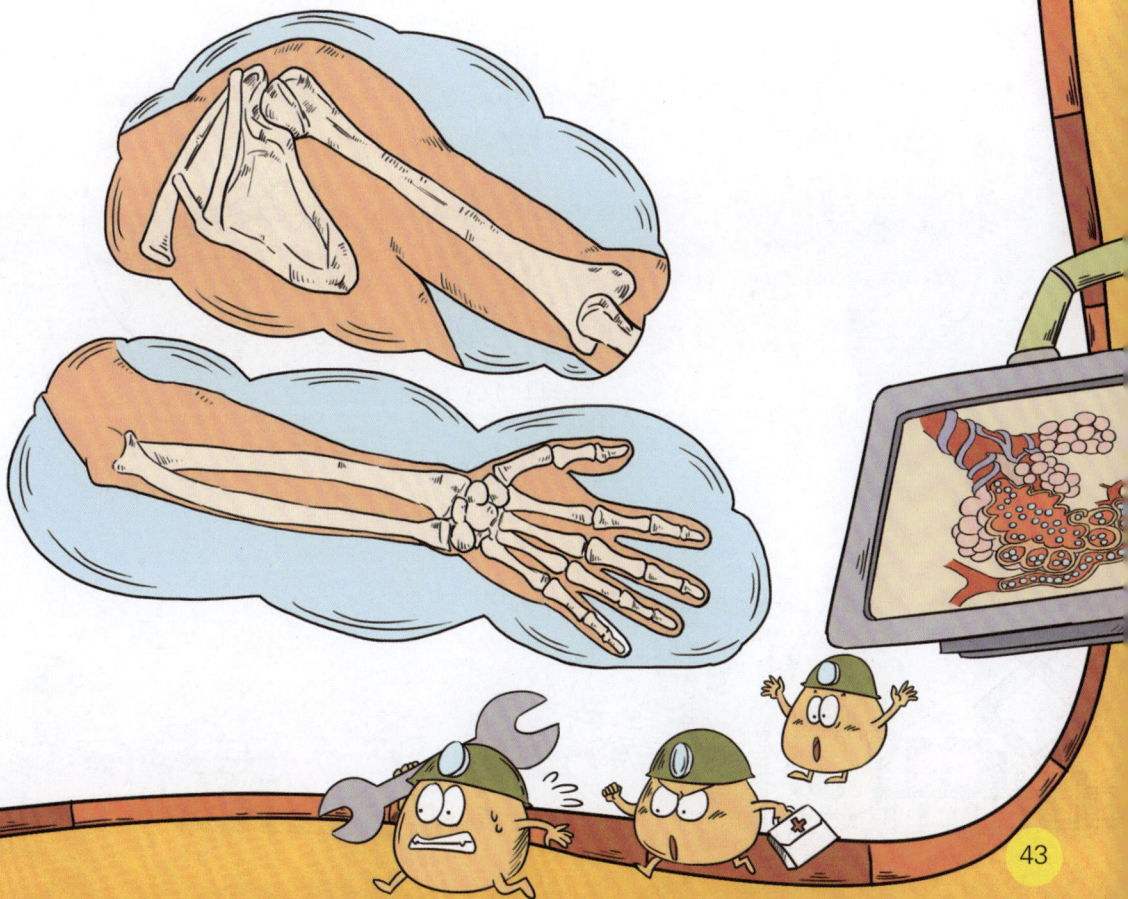

足骨长什么样子

　　脚又名足，它和手掌一样，是我们生活中不可或缺的好伙伴，而那支撑着足的框架便是足骨。每只脚的足骨都有 26 块骨头，分为跗骨、跖骨和趾骨三大类别。其中，跗骨有 7 块，联系着小腿的骨头，相当于手骨中的腕骨；跖骨有 5 块，上方联系着跗骨，下方则连接着脚趾；趾骨是构成脚趾的骨架，它和手骨的指骨一样，每只脚共有 14 块，除了脚拇指有 2 节趾骨之外，其他的脚趾都有 3 节趾骨。

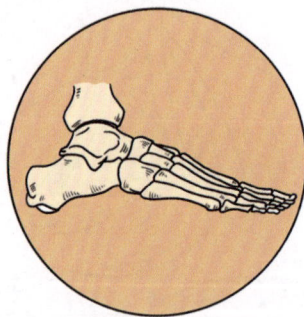

什么原因会导致股骨头坏死

股骨头坏死是一个病理演变的过程，它已经不再只针对成年人，甚至已经开始在儿童中"肆虐"。那么，究竟是什么原因导致股骨头坏死的呢？

其实，缺血是股骨头坏死的"罪魁祸首"，而造成缺血的原因则普遍认为是股骨头静脉引流障碍引起了股骨头骨内压的增高，从而造成骨髓内的血流量减少，继而引发骨髓组织缺血缺氧，致使骨代谢发生障碍，最终酿成悲剧。

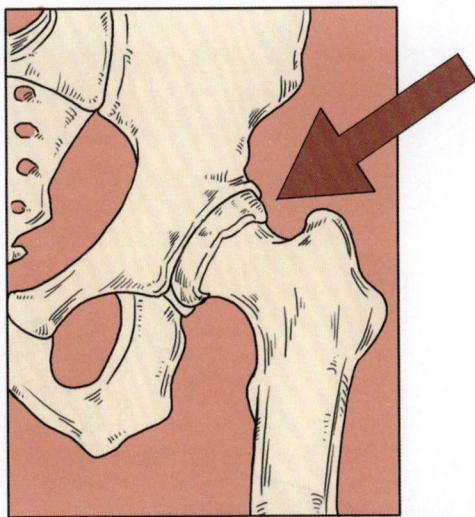

智慧蛋

1. 在学习过程中，如果长时间低头看书或写作业，可能会导致我们的颈椎不适，出现脖子疼的情况。这时候，就需要我们采取一些措施，有效缓解颈椎疲劳。你知道应该怎么做吗？

2. 冬天的时候，我们的手和脚总是比身体要冷一点，甚至会因为气温太低而出现手脚反应迟钝，没那么灵活的情况。你知道这是为什么吗？

关节：

第四章

运动机械总部的微调装置

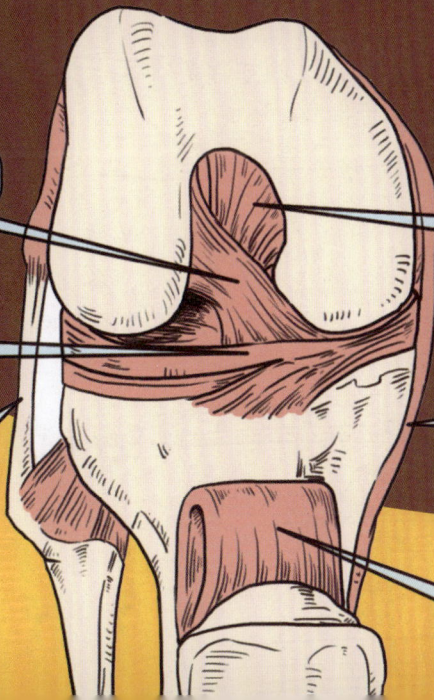

前交叉韧带

后交叉韧带

膝横韧带

胫侧副韧带

腓侧副韧带

髌韧带

关节：

骨骼连接的调控器

奶奶那是风湿性关节炎，每逢刮风下雨都会发作，而且发作时会很疼。

当然喽，也有部分关节是固定的，比如将脑颅骨和面颅骨拼接起来的关节，它们不会动。

爸爸，奶奶为什么总说自己的关节疼呢？

那不会动的关节和会动的关节是不是不一样啊？

对哦，比如关节面、关节囊、关节腔，这些可都是关节装置的基本配备呢。

整个运动机械总部的关节有屈戌关节、车轴关节、球窝关节、微动关节和鞍状关节五大类。它们都是由关节面、关节囊、关节腔构成的。

怎么说呢，关节装置本身就有五大系列，各自的形态、功能、作用都不同哦。

看，关节装置能让上下两根骨头协调运动哦。哎哟喂，这是膝关节，小主人的腿部运动好带劲呀。

对，人体小工厂任何两根骨头想要进行连接，都需要依靠这种关节装置。

我们看到的这个装置，就是关节装置，它可是让骨骼发挥功能的关键装置哦。

不过啊，大家可以用放大镜看看。不管什么系列的关节装置，一些基本结构都是不会变的。

对，我们需要根据骨头的形态和作用来挑选合适的关节装置。

人体里的骨头之间的连接都少不了关节这个必备装置。根据骨头的形状、功能和连接方式来挑选适合的关节进行配对，是运动机械总部的一大任务。在这些关节中，大部分是机动部队，能进行活动让骨头变得灵活。只有少量关节是固定不动的，比如头颅中的颅骨，那里的关节一辈子都不会活动，因为颅骨的关节要是随便动，麻烦可就大了！

关节面:

关节装置的防磨层

关节面是关节和两块需要连接的骨头之间的接触面，因此，每一个关节装置都会配备两个关节面，一个是凸着的，一个是凹进去的。其中，凸着的关节面被称为关节头，而凹进去的关节面则被命名为关节窝。

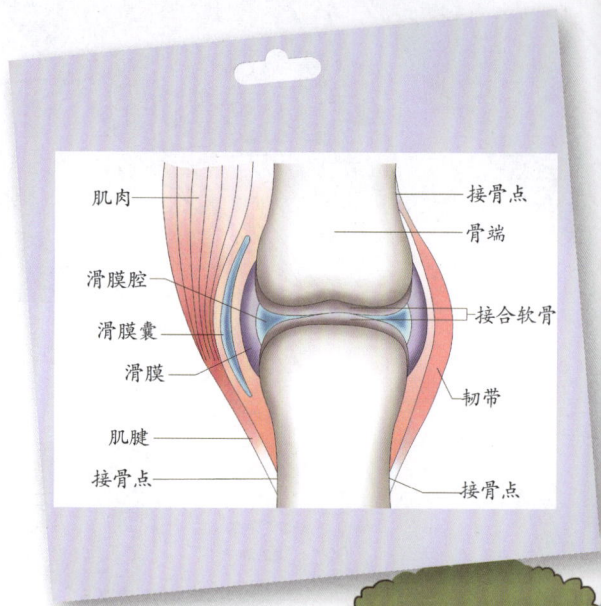

肌肉
滑膜腔
滑膜囊
滑膜
肌腱
接骨点

接骨点
骨端
接合软骨
韧带
接骨点

这可不是什么好事儿。我是因为运动少，关节就跟"生锈"似的才会发出那种声音。

老爸，你好厉害呀！只要一运动，身上的关节就"咯吱咯吱"响，好有力量！

由于关节面是直接和两根骨头接触的位置，若是以蛮力直接与两块骨头进行摩擦，不仅关节装置会被骨头所伤，就连骨头也会因为这样的摩擦而受损。因此，无论是关节头还是关节窝，那凹凸的两面关节面上都装有滑溜溜的软骨组织，那软骨组织就像一个润滑带，能避免骨头之间因为互相摩擦而受损。

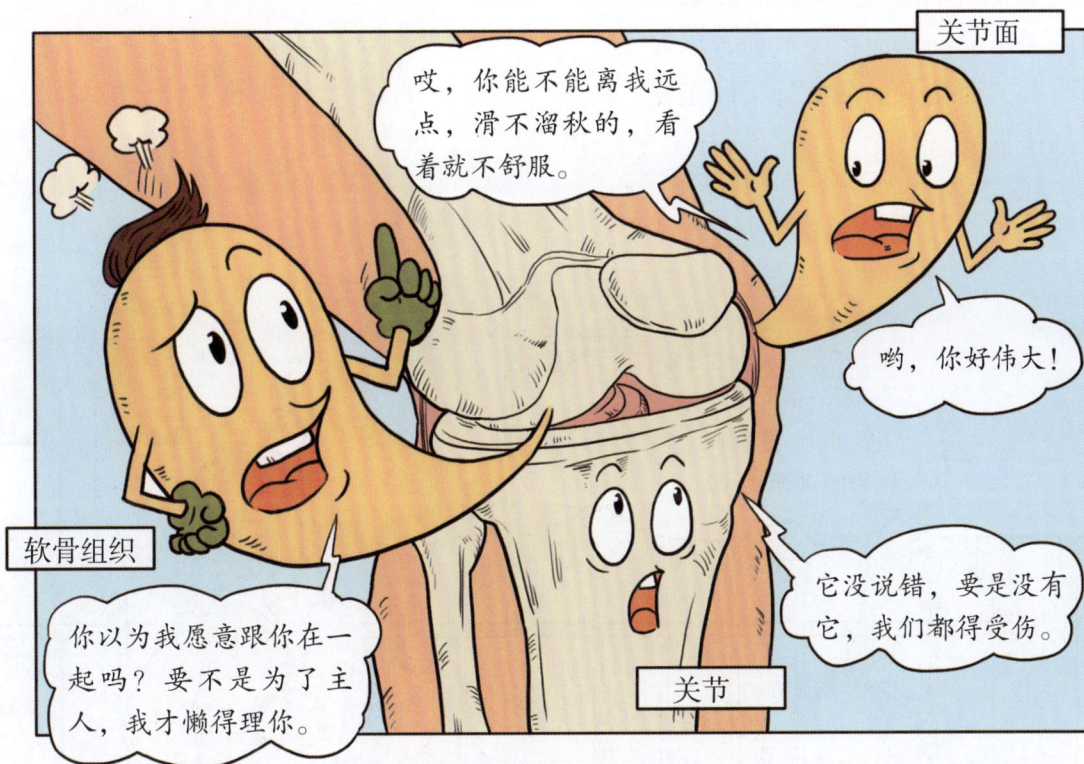

涂点润滑剂！

关节面

哎，你能不能离我远点，滑不溜秋的，看着就不舒服。

哟，你好伟大！

软骨组织

你以为我愿意跟你在一起吗？要不是为了主人，我才懒得理你。

它没说错，要是没有它，我们都得受伤。

关节

关节面就宛如关节装置的防磨层，精准地避免了一场又一场"摩擦碰损"事故，比如，骨与骨之间发生碰撞。

关节囊：
关节装置的外在保护层

为了更好地让骨与骨连接起来，运动机械总部在安装好关节头与关节窝这两个凹凸不同的关节面后，还精准地为这个半成品安装了一个能完整套住整个装置的关节囊，从而将关节面，以及与关节面接触的两根骨头的衔接部位都包裹起来。

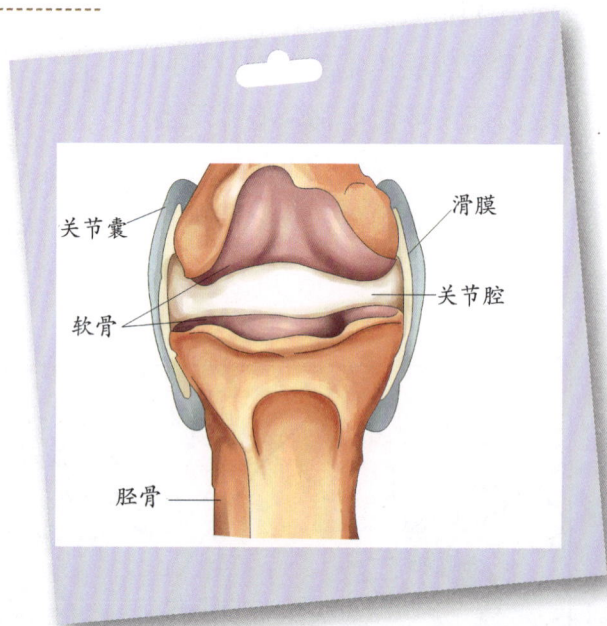

关节囊

软骨

滑膜

关节腔

胫骨

等等……你刚学会打篮球，还是戴个护腕吧，它能防止你的腕关节受伤。

今天可真是难得的好天气，为了不辜负这大好春光，我决定去打篮球喽。

说得直白一些，关节囊不过就是一种可分为内外两层的大膜。其中，内层因为拥有丰富的滑膜上皮而被称为滑膜层，而且，它能分泌一种跟蛋清似的，具有一定润滑作用的滑液，专门负责并确保关节能够顺畅自如地运动；而外层则因为有着非常致密的结缔组织而被称为纤维层，它的内部有非常丰富的血管和神经，不但会与血液运输总部进行物质交换，而且能接受神经总部的动作指令信号，更具有一种超强的后天可塑性。比如，若是我们多做拉伸关节和韧带的运动，那么纤维层就会变得愈发健壮与灵活；相反，若是我们很少进行体育运动，那么它就会变得愈发迟钝。

关节囊之所以能够保护关节装置，全倚赖于其有着丰厚致密组织的纤维外层。纤维层一向行事低调，难怪人们总是将它的功劳归为关节囊所有。

关节腔：

关节装置的机动活动室

爸爸，昨天打篮球时，潇潇的胳膊不小心脱臼了，他哭得惊天动地的。脱臼真有那么疼吗？

唔，脱臼就是原本被一个关节连着的两块骨头硬生生地出现了移位，当然会很疼了。

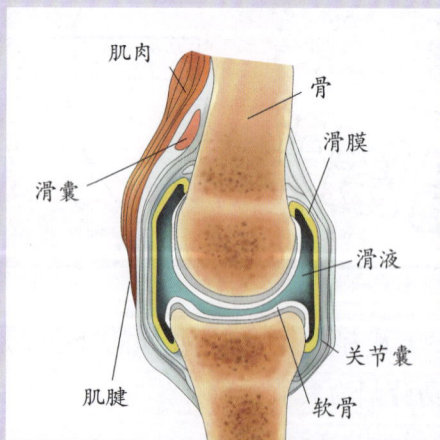

肌肉

骨

滑膜

滑囊

滑液

肌腱

关节囊

软骨

关节腔就是关节头和关节窝这两个关节面之间的空隙。因为有关节囊的包裹，这条空隙简直可谓一条密封的腔道。

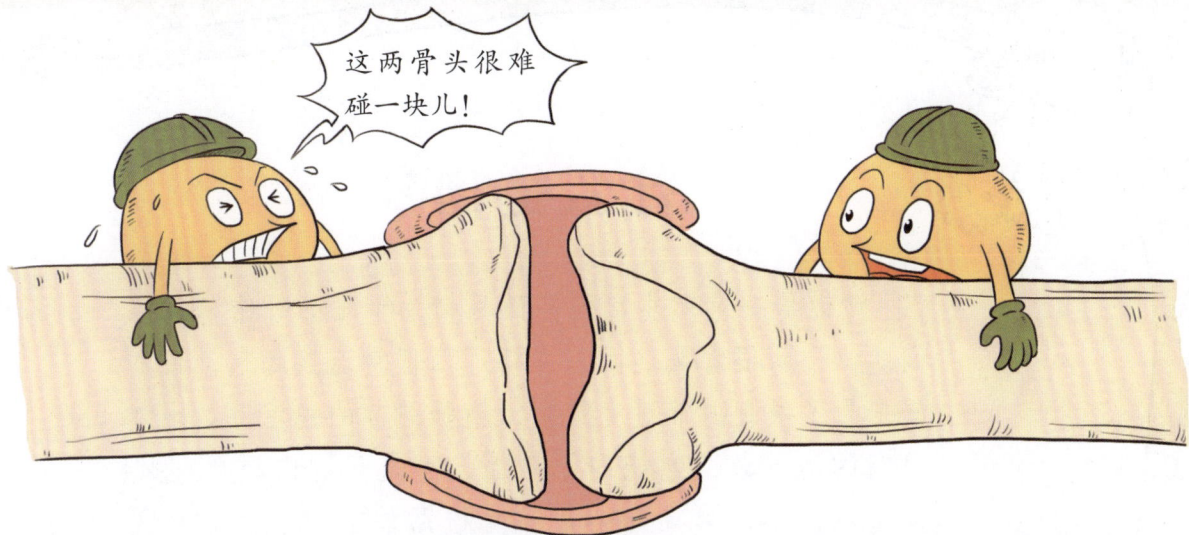

这两骨头很难碰一块儿！

可以这么说，运动机械总部非常善于"组配"自己的内部成员，瞧，它特地为上下两块骨头之间预留了活动空间——关节腔，目的就是为了避免骨与骨之间相互碰撞。而且，因为有着关节囊的包裹，关节腔的范围也能够固定下来，从而让骨头们能够在合理的范围内运动，而不会毫无顾忌地进行 360 度来回旋转，对我们的身体造成伤害。

关节卫兵a

咦，这里的关节头和关节窝怎么没连在一起？糟糕，一定是出事儿了。

傻瓜，那是关节腔，它是关节装置特地留出的空间。

关节卫兵b

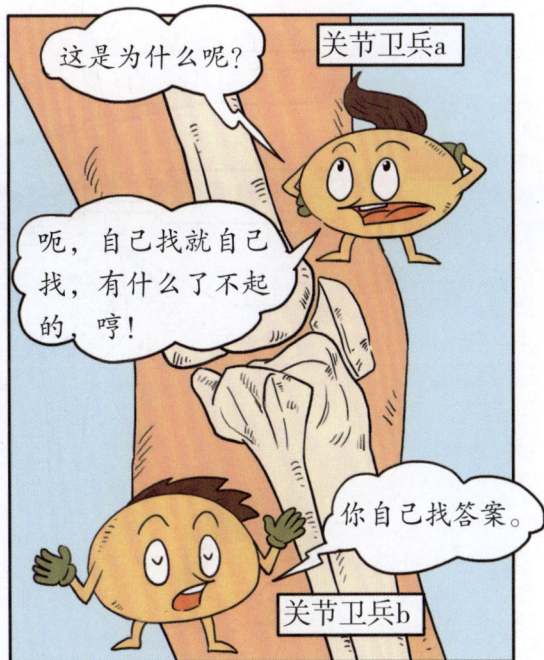

关节卫兵a

这是为什么呢？

呃，自己找就自己找，有什么了不起的，哼！

你自己找答案。

关节卫兵b

关节腔俨然就是关节装置的机动活动室，而且还做得尽职尽责，总能让它的骨骼兄弟们避免发生相互碰撞。

什么是韧带

韧带是一束束非常强健而且韧劲十足的纤维束，它们就位于两根骨头之间，并将那两根骨连接起来，目的就是为了限制关节过度灵活，增强关节的稳定性。比如我们的腕关节，它能向下弯曲，可是只能向下弯曲90度左右，不能弯曲180度，直接贴住前臂。因为只要弯曲到90度，就可以应付我们生活中所面临的手部动作需求，再继续弯下去不仅没有意义，而且还可能因为过度弯曲而损伤到腕骨和腕关节。

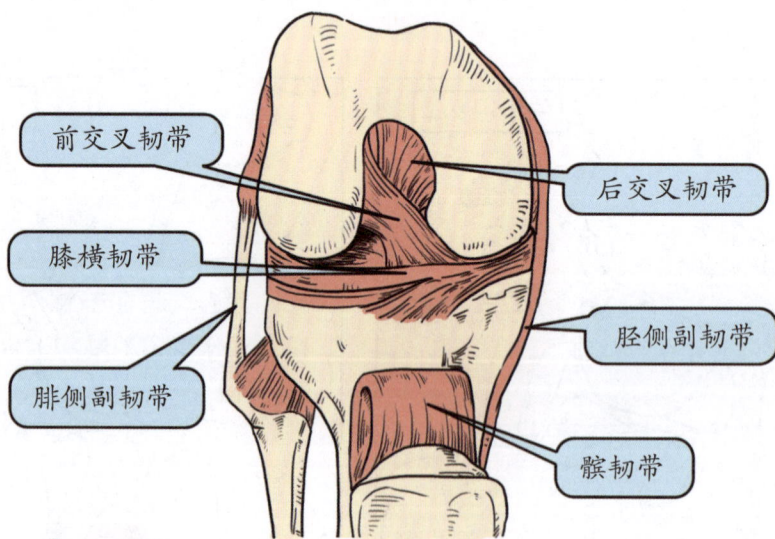

前交叉韧带

后交叉韧带

膝横韧带

胫侧副韧带

腓侧副韧带

髌韧带

关节炎有哪些类型

　　关节炎并没有一个确切的定义，凡是那些发生在人体关节及其周围组织的炎性疾病，都可归为关节炎。若要细分起来，至少得有数十种，如骨关节炎、痛风性关节炎、风湿性关节炎、类风湿关节炎、强直性脊柱炎、感染性关节炎、反应性关节炎等。

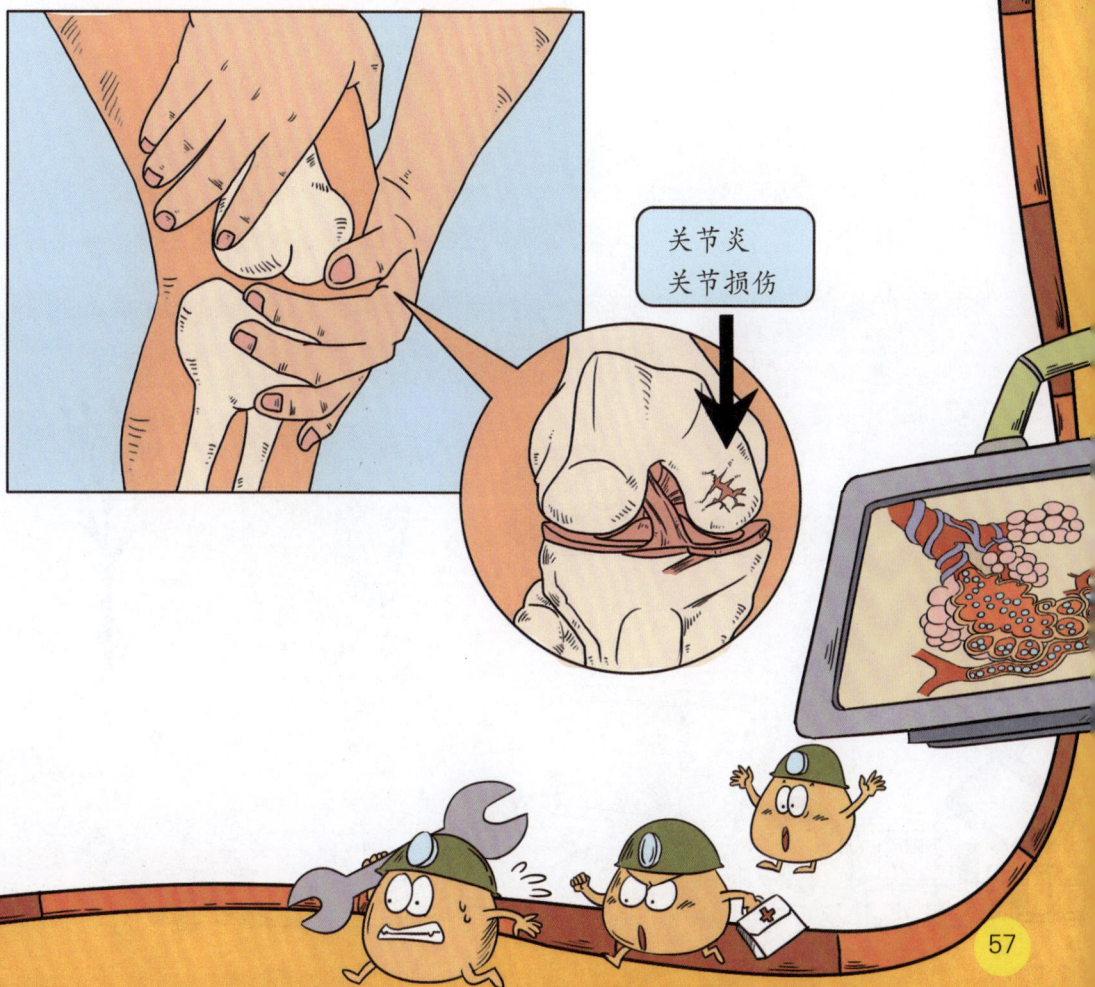

关节炎
关节损伤

纤维有哪些类型

纤维是一类由连续不断的细丝组成的物质，它品种繁多，应用范围极广。

1. 天然纤维

（1）植物纤维：可在植物的种子、茎、果实、叶子等处获取，比如，亚麻、黄麻、剑麻等。

（2）动物纤维：可在动物的毛发或是昆虫的腺分泌物中获取，比如，兔毛、羊毛、山羊毛、蚕丝等。

2. 化学纤维

（1）矿物纤维：可从纤维状结构的矿物岩石中获取，比如，温石棉、青石棉等。

（2）人造纤维：比如，黏胶纤维、醋酸纤维等。

（3）合成纤维：比如，聚丙烯纤维、聚丙烯腈纤维等。

（4）无机纤维：比如，玻璃纤维、金属纤维等。

蚕丝

青石棉

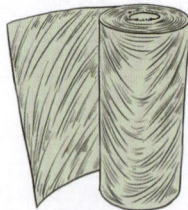
玻璃纤维

亚麻

护腕究竟有什么作用

护腕其实是一种能保护手腕关节的小用具。比如，它会为手腕提供压力；限制手腕活动，从而让受伤的部位能够休养生息。据说，护腕的品种也不少呢。

（1）运动护腕：运动护腕通常是由高级弹性布料制成的，是最为常见的护腕，不但能避免我们的手腕在运动的过程中受伤害，还能展现我们的运动风姿。

（2）防晕船护腕。

（3）磁铁护腕：它能让劳动者们在工作时免受"钉子之灾"。

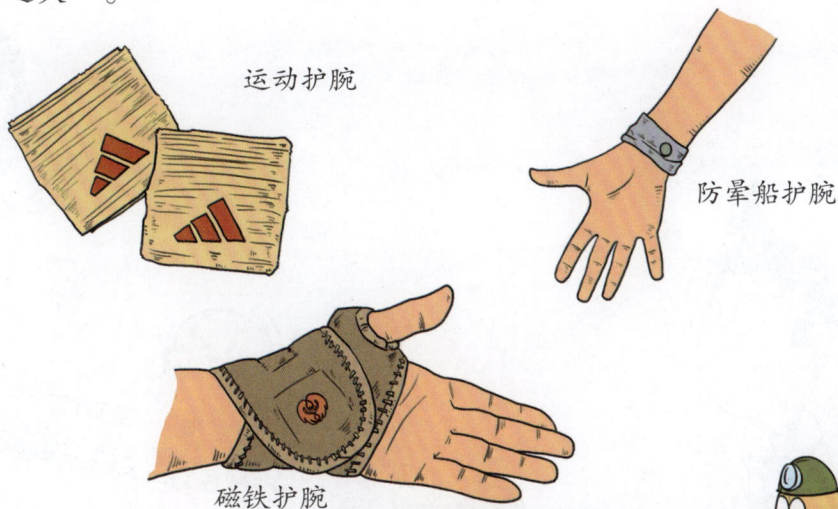

运动护腕

防晕船护腕

磁铁护腕

智慧蛋

1. 类风湿关节炎是老年人的常见疾病。你知道什么是类风湿关节炎吗？它的发病原理是什么？我们应该如何预防类风湿关节炎？

---

2. 如果不小心撞伤了关节，导致脱臼，我们必须第一时间将受伤位置固定住，减少这个关节的活动。你知道这是为什么吗？

重要关节：

第五章

运动机械总部的调控室

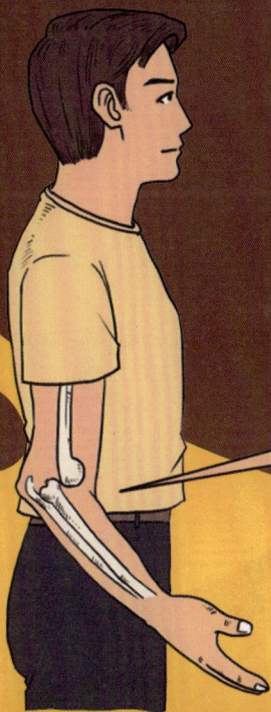

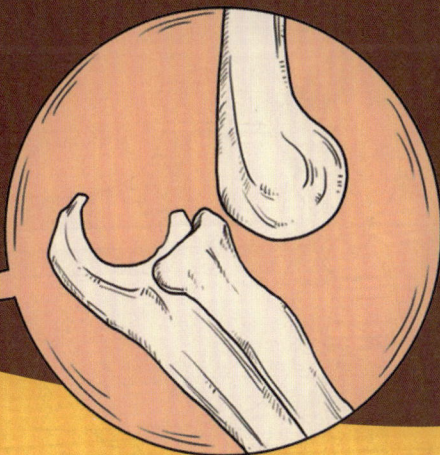

肩关节：

人体关节中的灵活度冠军

作为整个人体小工厂中最灵活的球窝关节，肩关节不仅可以弯曲、伸缩、舒张，还可以旋转和环转。瞧，我们能上下左右地甩动手臂，还能伸直手臂不断地画大圆弧，甚至能做动作复杂的健身体操呢。

因为肩关节追求灵活度，所以关节头的面积少于关节窝的面积，关节囊也因为肱骨的长期运动而变得薄而松弛。这使小主人的肩关节比较容易受伤和劳损呢。

嗯，肩关节由6个小的关节装置组成，它们必须互相配合，才能让肩关节发挥超强的灵活性。

Stop！儿子，你这样很容易让肩关节受伤的。

咦？肩关节的关节囊怎么这么薄呀？而且比较松弛！

是啊，"凡人都会有弱点"，说得大概就是这个意思吧！肩关节非常灵活，同时也比较脆弱。

老爸，你能做这么高难度的甩手动作吗？

终于来到肩关节部门了，传闻说这里是人体小工厂中最灵活的一个大关节耶。

哈哈，对啊，别说什么伸缩弯曲了，肩关节伸直可以牵引小主人的手臂画圆、旋转呢。

对，因为肩关节属于球窝关节，这先天优势让它能进行多方位的运动。

啧啧啧，不是传闻，是真的，肩关节是最灵活的关节装置。

啊，这么强大呀，难怪，我这一看呀，这肩关节还真是复杂得很呢。

肩关节装置连接着肱骨和肩胛骨，是整个人体内运动范围最大而且最灵活的一个关节装置，它由 6 个小装置组成，它们分别是肩肱关节、盂肱关节、肩锁关节、胸锁关节、喙锁关节和肩胛胸壁间关节。不过，肩关节装置在设计上努力追求灵活性，从而导致它的稳定性能相对下降了。关节越灵活，稳定性就越差，因此，肩关节也是全身大关节中最不稳定、最容易出现错位脱臼的关节。小主人一不小心摔倒，也可能导致肩关节脱臼呢。因此，我们在生活中一定要注意保护肩关节哦

肘关节：
手臂运动的一级协调员

手臂是我们日常生活中使用得最多的一个肢体部门，支撑手臂运动的分别是上臂的肱骨和前臂的桡骨和尺骨。而且，由于手臂工作量大、工种繁多，所以连接肱骨和桡骨、尺骨的肘关节便理所当然地成为一个复杂而灵活的装置。

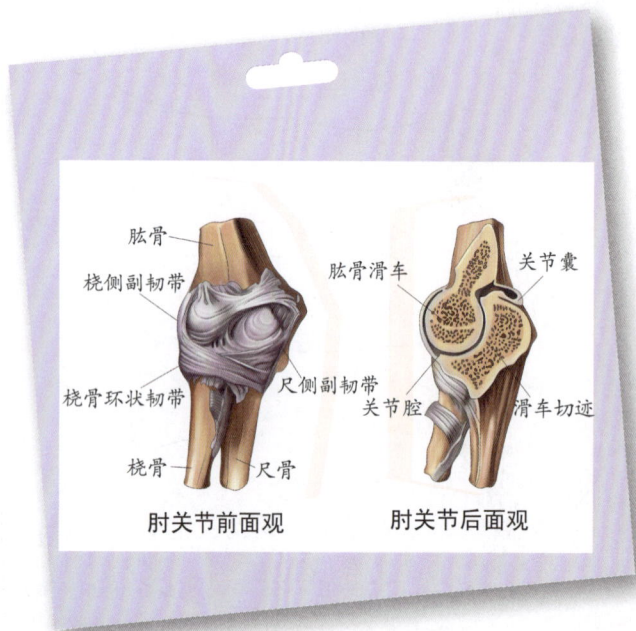

肱骨
桡侧副韧带
桡骨环状韧带
桡骨
尺骨

肱骨滑车
关节囊
尺侧副韧带
关节腔
滑车切迹

肘关节前面观

肘关节后面观

爸爸，我不小心把手肘撞伤了，呜呜……好疼！

我看看……没事儿，宝贝，没伤到肘关节，擦点药酒就好了。

64

在日常生活中，我们能利用手臂打篮球，进行投掷，做花式健身操……很明显，手臂真是"多才多艺"呢。相信此时若单从表象上来看，我们会很容易将这份功劳归为手臂的骨架，然而真相并不是这样的，安装在手臂骨头之间的肘关节同样也是功不可没呢。

而且，由肱尺关节（连接肱骨和尺骨的关节）、肱桡关节（连接肱骨和桡骨的关节）和桡尺近侧关节（连接桡骨和尺骨的关节）构成的肘关节，为了让自身变得更灵活稳定，还特别加入了多个韧带、滑轮等复杂装置，如此一来，便能更好地让手臂伸缩自如了。

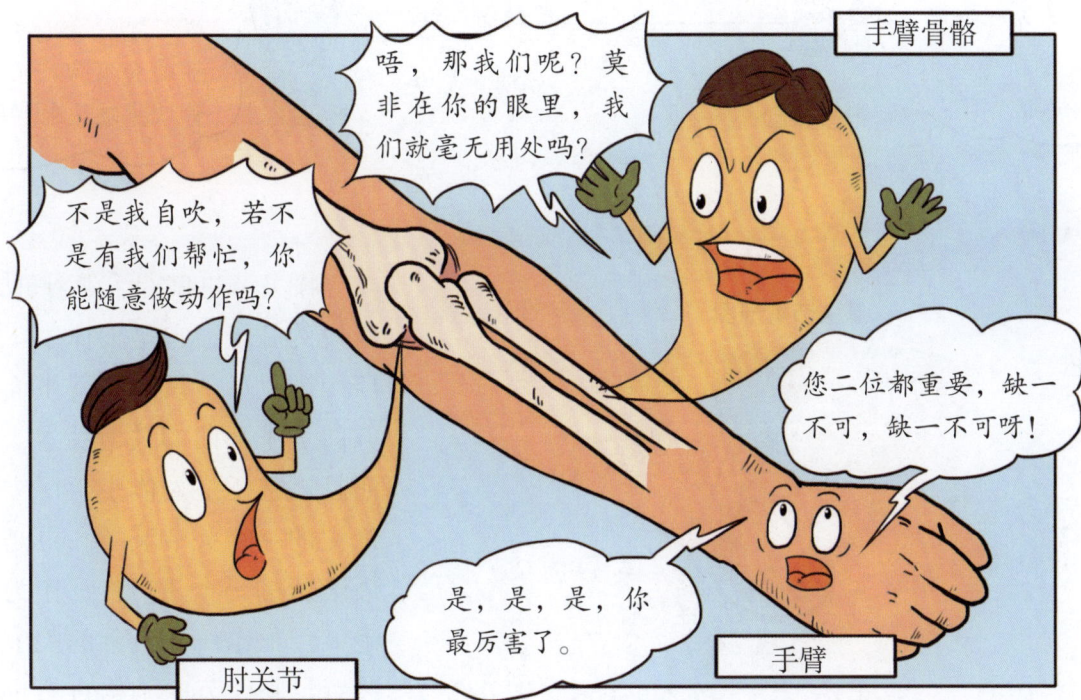

手臂骨骼

唔，那我们呢？莫非在你的眼里，我们就毫无用处吗？

不是我自吹，若不是有我们帮忙，你能随意做动作吗？

您二位都重要，缺一不可，缺一不可呀！

是，是，是，你最厉害了。

肘关节

手臂

一旦没了肘关节，即便我们手臂的骨头再强大，也只能犹如机器人一般，直来直去而不能进行任何弯曲，更别提做那些花样动作了。

膝关节:

腿部运动的调控工程师

唔,我现在只要一想到这个实验,就觉得自己是个刽子手,正磨刀霍霍向青蛙。爸爸,我要请假!

宝贝,我刚看了你的课程安排,今天生物课可是会有你一直念叨的青蛙膝跳反射实验呢。

膝关节解剖图

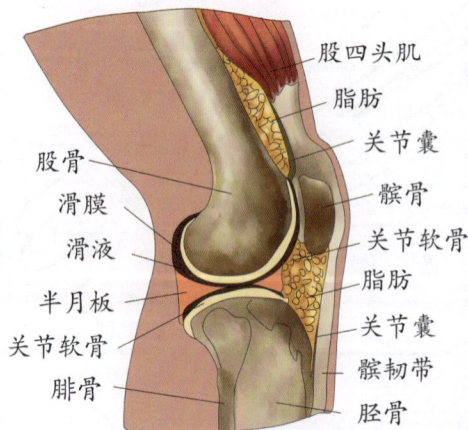

股四头肌
脂肪
关节囊
髌骨
关节软骨
脂肪
关节囊
髌韧带
胫骨

股骨
滑膜
滑液
半月板
关节软骨
腓骨

膝关节也就是我们平时所说的膝盖,它是人体小工厂中少见的,只能沿着正面方向上下弯曲的关节装置。而且,它还是人体小工厂中最大的一个关节装置,更是最辛苦的一个。当然,作为最大、工作任务最重的关节装置,膝关节的结构自然也是最复杂的。

膝关节位于大腿骨和小腿骨之间，是连接大腿的股骨和小腿的胫骨、腓骨的关节装置。在这点上膝关节的构成与肘关节的构成比较相像。不过，由于膝关节不但要支撑腿部的运动，还要承受人体重量，更要帮助我们完成跑步、踢球、走路、跳跃等各种高难度动作，所以它的组成成员要比肘关节复杂一点。它的组员们过来了，走在最前面的是股骨内、外侧髁，胫骨内、外侧髁和髌骨们则紧随其后。

不仅如此，为了确保自己能够顺畅活动，更好地完成任务，它还特别在股骨、胫骨和膝盖骨之间"放了"一小包滑液，更在自己的外侧安装了一块坚硬的膝盖骨，一来可以增强自身的稳定性，二来能更好地发挥它配合腿部运动的本领。

膝关节真像是我们腿部运动的调控工程师，总是不厌其烦地配合我们做出的每一个动作。

什么是膝跳反射

膝跳反射是一种最为简单的反射类型，整个过程仅包括两个神经元，一个是作为"输入"的感觉神经元，一个则是作为"输出"的运动神经元，而且，进行膝跳反射的神经中枢更是最低级的神经中枢。那么，整个过程是如何进行的呢？

当我们的膝盖处于半屈状态、小腿自由下垂时，便可轻快地叩击膝腱，从而引起股四头肌收缩，紧接着便会引起小腿做出急速前踢的反应，即膝跳反射。

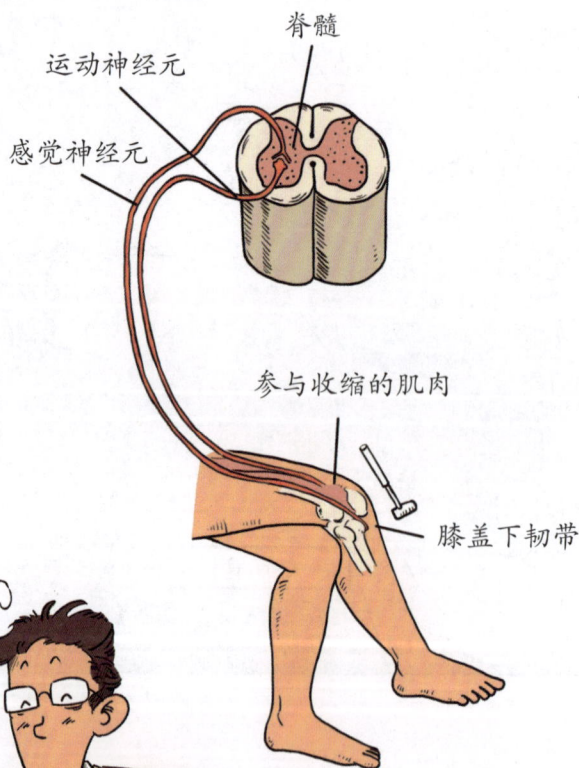

脊髓

运动神经元

感觉神经元

参与收缩的肌肉

膝盖下韧带

膝盖疼是关节炎吗

膝盖疼是生活中很多人都会遭遇的一种膝关节疼痛，那么，是否只要是膝盖疼就是关节炎呢？答案自然是否定的，因为引起膝盖疼的原因有很多。

（1）在做运动前不做热身准备。

（2）膝盖受到了撞击。

（3）感冒发烧也能致使膝盖疼。

（4）剧烈运动后，有时也会引起膝盖酸痛。

（5）生长发育期的疼痛。

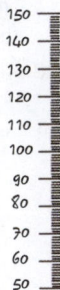

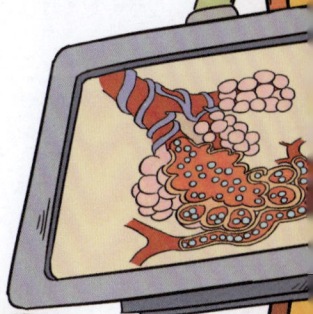

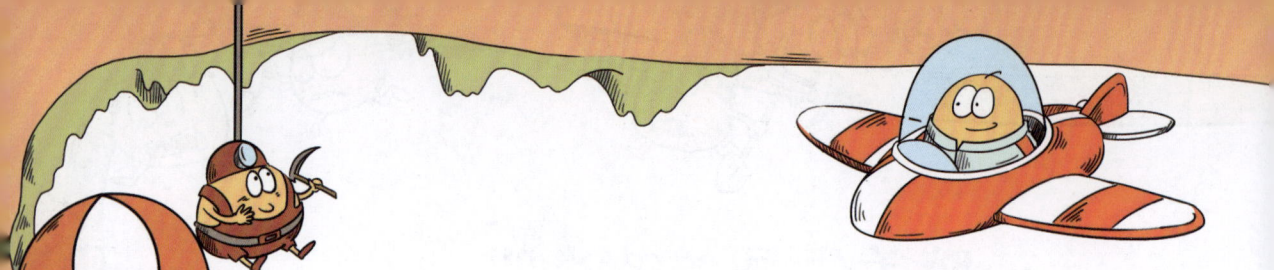

脱臼是怎么回事

脱臼是关节脱位的俗称，多为暴力作用所导致，尤以肩、肘、下颌，以及手指关节最容易发生脱位。那么，当我们不幸遭遇脱臼时，又该怎么做呢？

（1）复位：应以手法复位为主。

（2）固定：将伤处复位后，将关节固定在稳定的位置上，固定时间一般为 2 ~ 3 周。

（3）功能锻炼：在关节固定期间，为了促进血液循环、消除肿胀，以及避免关节僵硬和肌肉萎缩，我们应经常对关节周围的肌肉进行舒展活动。

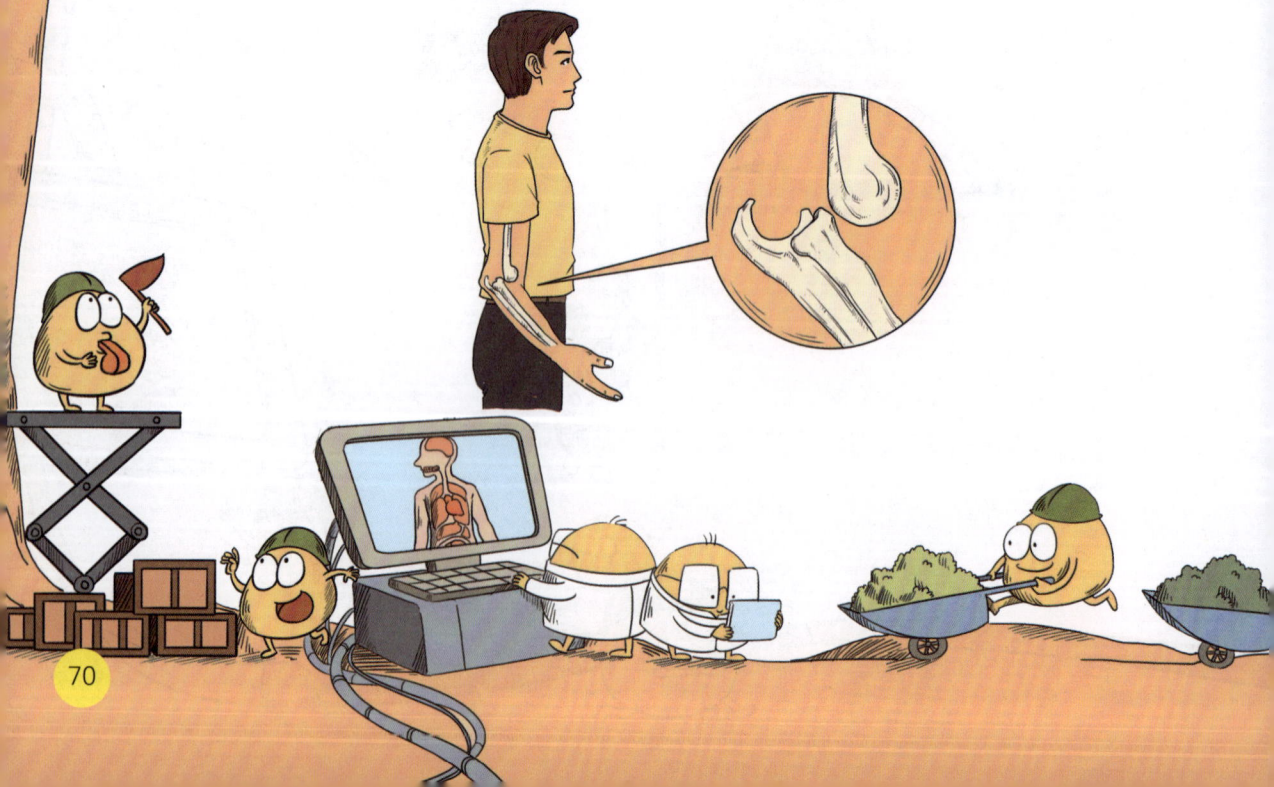

战国时期孙膑所受的"膑"刑，究竟毁坏了他腿部的哪个位置

　　孙膑是战国时期的名人，他与庞涓曾是同门师兄弟，共同师承于鬼谷子。后来，庞涓出仕魏国，成为将军，只是他嫉妒孙膑的才能，便暗地派人将孙膑请到魏国，并捏造罪名致使孙膑被处以膑刑和黥刑，即剔除孙膑的膝盖骨，同时在他的脸上刺字。庞涓本想着让孙膑就此埋没于人间，然而，上天却不遂他的心愿。孙膑辗转来到齐国，而且很快便得到田忌的赏识，并被委以重任，辅佐他两次击败庞涓，最终将庞涓逼上黄泉路。

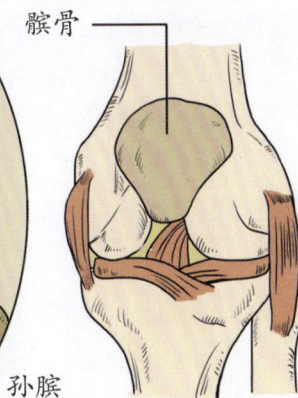

髌骨

孙膑

智慧蛋

1. 你知道什么是肩周炎吗？我们应该如何预防肩周炎这种常见疾病呢？

2. 膝关节是人体中非常重要的关节，它让我们的腿部能进行弯曲，让我们可以走路、跑步、踢脚等。不过，生活中有一个奇怪的现象，即便我们不跑步、不做运动，就是站着，站久了膝关节也会疼。这是为什么呢？明明它好像没在工作，为什么站久了膝关节还是会疼？

肌肉：

收缩

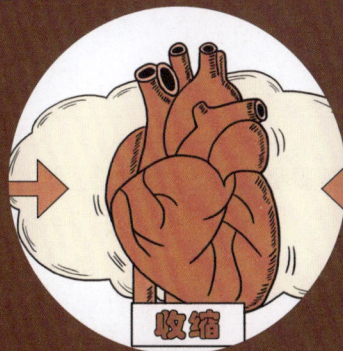

第六章

运动机械总部的技师班

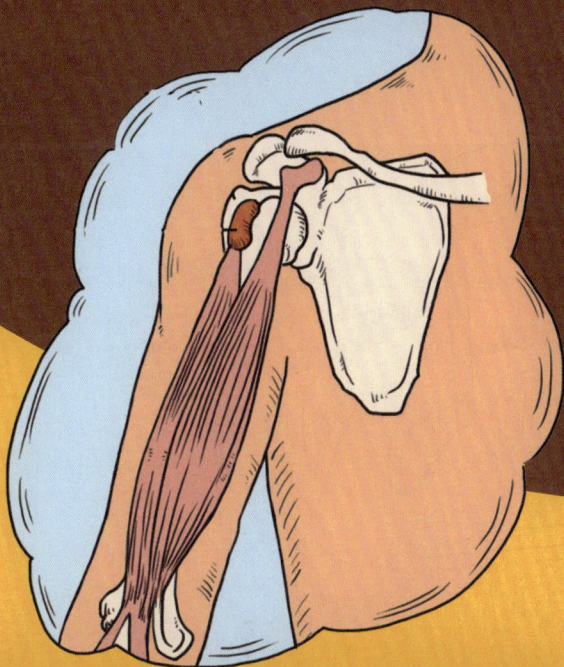

骨骼肌：

骨骼运动的调控员

骨骼肌是肌肉家族中的核心成员，无论从数量、体积还是种类上来说，它都比平滑肌和心肌略胜一筹。而且，它们依附在骨骼上不是为了占骨骼的便宜，而是随时准备着向骨骼发号施令呢。

哎哟，我们忙着安装骨骼肌呢。

是啊，这一块肌肉叫肱二头肌，是小主人手臂至关重要的一块骨骼肌。

天啊，这肱二头肌真大，怎么才能让它依附到骨骼上呀？

不依附不行吗？我就奇怪了，为什么骨骼肌一定要和骨骼黏在一起。

爸爸，我刚扫完地哦。知道嘛，就是因为刚才我卖力干活，才导致骨骼肌乳酸过多，害得我手疼得厉害，拖不了地喽！

宝贝，别看电视了，赶紧过来帮忙拖地！

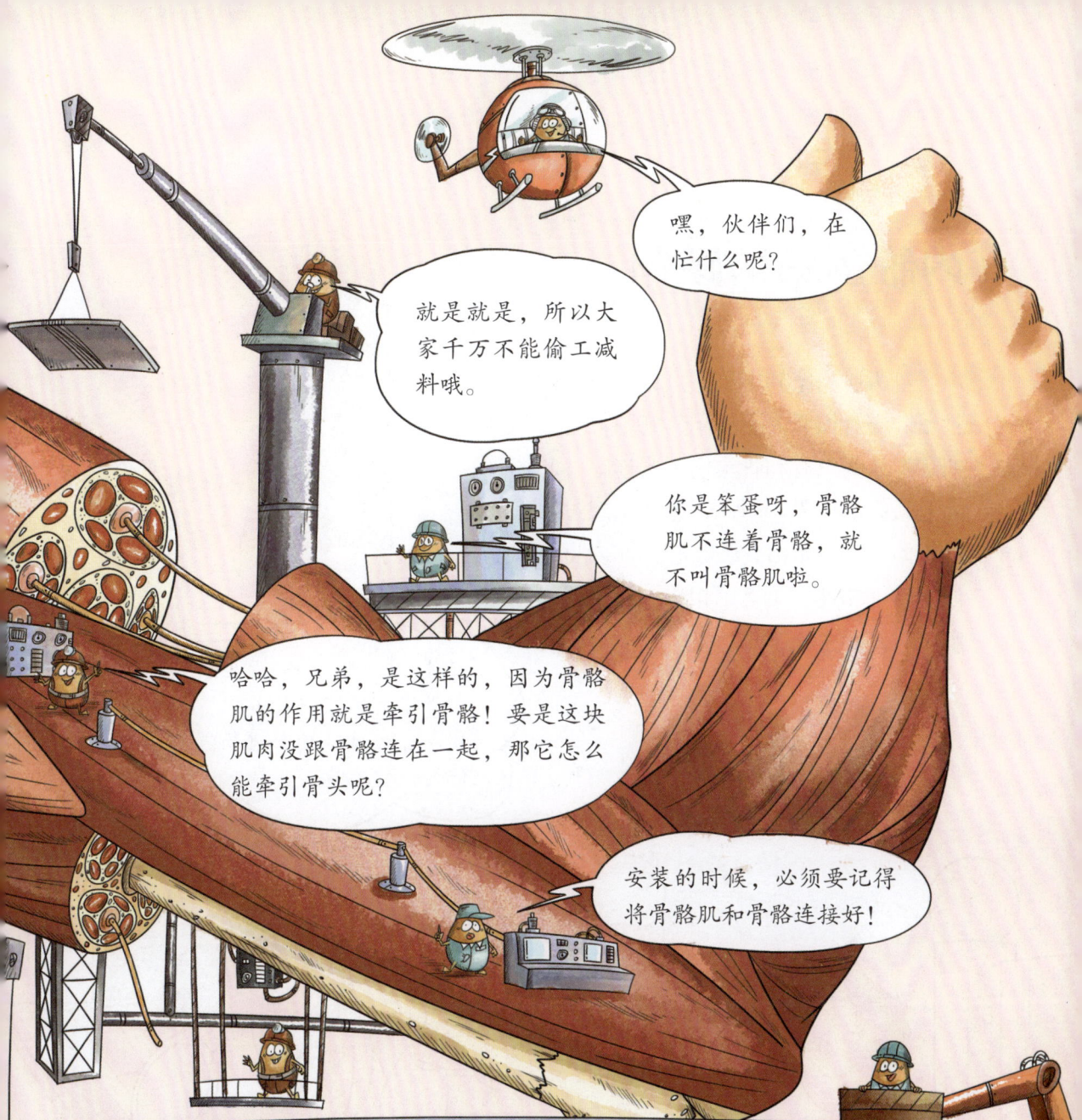

嘿，伙伴们，在忙什么呢？

就是就是，所以大家千万不能偷工减料哦。

你是笨蛋呀，骨骼肌不连着骨骼，就不叫骨骼肌啦。

哈哈，兄弟，是这样的，因为骨骼肌的作用就是牵引骨骼！要是这块肌肉没跟骨骼连在一起，那它怎么能牵引骨头呢？

安装的时候，必须要记得将骨骼肌和骨骼连接好！

　　骨骼肌不仅是依附在骨骼上面的肌肉那么简单，它们是骨骼运动的军师，它们能根据神经信号总部的指令进行收缩和舒张，在这个过程中，它们能控制自己所依附的骨骼进行对应的运动。正因为骨骼肌有这种大本领，所以它在人体小工厂中的分布非常广泛，大至手臂、前胸、大腿等运动频繁的部位，小至小主人的脑袋上都长有骨骼肌呢！

平滑肌：
内脏运动的顾问

身为肌肉家族中的一员，平滑肌的性子却与骨骼肌大不相同，它不像骨骼肌那样认为只有和骨头们紧紧连在一起才是最高的境界。因此，它从未想过要"依附"着谁生活，瞧，它们体内自有肌纤维互相连接（首尾相连），自然能够"自己动手，丰衣足食"。

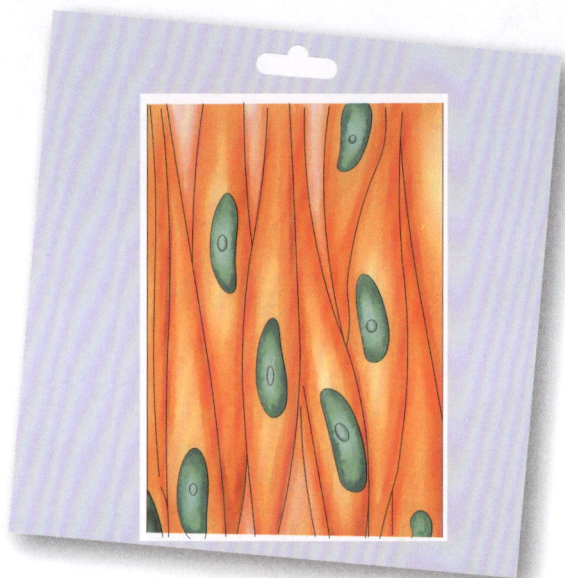

宝贝，听说你们今天生物课上讲了有关肠胃的知识，那我考考你哦，你知道肠胃为什么会蠕动吗？

哎，这个问题也太简单了。那是因为它们身上有平滑肌啊，平滑肌可是会收缩的，而且是一节一节地收缩，这样就形成了蠕动。

平滑肌是一个厉害的角色，有着一双"巧手"。瞧，它利用自身的纤维便轻松地打造出各种管状、中空的结构，要知道这些结构可是能派上大用场的。这不，没有骨头的内脏器官们（比如，胃部、肠道、呼吸道、血管等）都纷纷地"求上门"来了。这是为什么呢？原来呀，肠胃需要蠕动，呼吸道也要进行收缩……然而，骨骼肌根本帮不上忙，它们只能依靠平滑肌可自由舒张和收缩的特性，"死赖着"让平滑肌覆盖在自己身上，然后借助平滑肌的特性，或进行运动，或发生形状上的变化，从而让部门工作步入正轨。

> 胃部的平滑肌蠕动使得食物消化！

肌肉安装员a

> 哇哦，这根肌肉不错，把它安到主人手臂上肯定不赖。

肌肉安装员a

> 名字挺好听。看，它跟手臂真的很配。

> 这是平滑肌！

肌肉安装员b

> 呃，别问为什么，你只要记住，平滑肌只能安装到内脏器官部门。

肌肉安装员b

若是没有平滑肌的存在，内脏器官部门根本无法开展工作，而且，这也足以说明如此貌不惊人的小东西本事还真是不小呢！

心肌：
心脏运动的指挥官

小宝贝，你恐怕要失望了。因为呀，心脏的心肌是受自主神经系统控制的，它可由不得你自己控制。

爸爸，我好想自己能控制心跳，想快就快，想慢就慢，够酷！

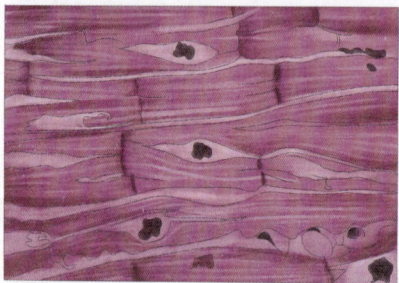

由心肌细胞构成的心肌，不但是心脏车间专属的肌肉成员，更是决定心脏车间工作效率和成效的关键角色。而且，在心肌族群中有两大阵营，一个是普通心肌，一个则是特殊心肌。其中，普通心肌的辛勤劳作决定着心脏车间的工作效率，而特殊心肌的本领则决定着心脏车间的工作成效。

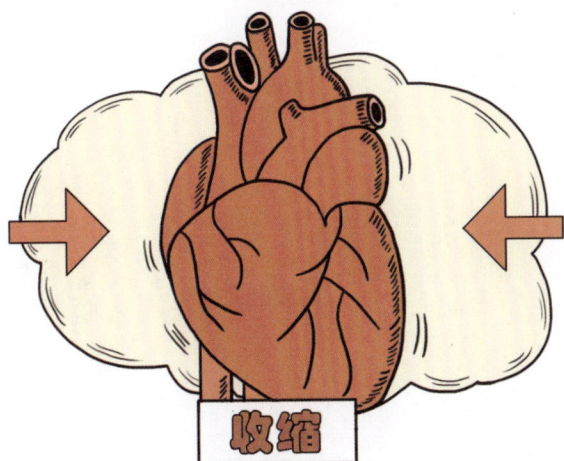

収縮 扩张

在心脏车间内部，特殊心肌会在某些位置聚集在一起，从而形成窦房结、房室结等小分部，而这两个小分部则会对心脏车间所进行的每次跳动都做出调节。而且，窦房结一旦偷懒或是出现故障，便不会向普通心肌发送收缩电脉冲信号，这样一来，便会致使心脏车间的收缩和舒张失常；普通心肌是心脏车间内最勤劳的员工，它们专门负责按照特殊心肌所发送的脉冲信号拉动心脏的房壁，从而维持心脏的正常跳动。

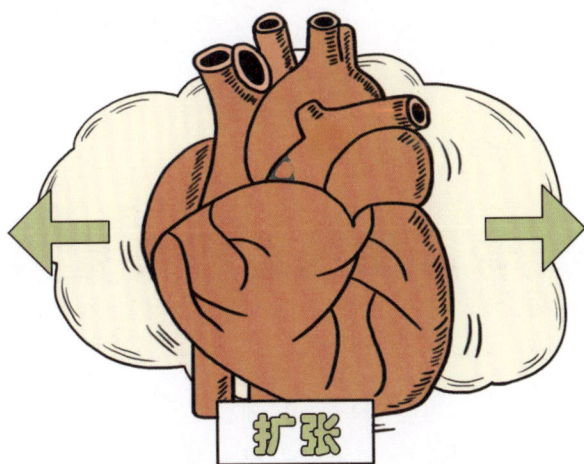

肌肉安装员b

唔，我拿的是这个。

小迷糊，这儿是心脏车间，需要专属的心肌，你没拿错吧？

肌肉安装员a

肌肉安装员b

唔，我再去取！

你手里举的那块肉明明就是平滑肌。

肌肉安装员a

若是仅用一句话来形容数量不多，但重要性极强的心肌，"四两拨千斤"是再合适不过的。

79

肌腱:
骨骼肌的连接装置

肌腱是由一群网状的致密结缔组织构成的，它是安装在骨骼肌首尾两端的配件，更是骨骼肌能依附在骨头上的首要功臣。因此，肌腱便有着既硬又紧实，而缺乏弹性的小身板。

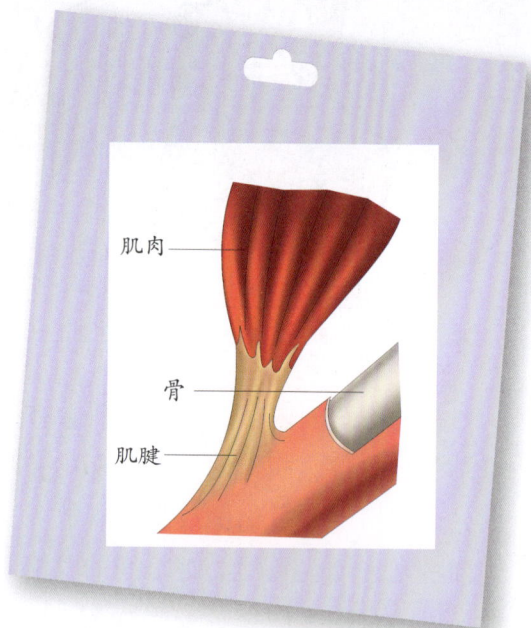

肌肉

骨

肌腱

真是难得，真是难得，老爸竟然亲自下厨！

没办法，谁让妈妈的手肌腱发炎了呢，最近的家务都得我来做了，哎……

在肌肉世界里，每块骨骼肌必须分别连接在两块或者两块以上的骨头上，才能起到牵引骨头运动的作用。然而，肌纤维本身并不能扎根在骨头上，它们必须依靠位于自身首尾两端的肌腱，才能成功将自己"绑"在骨头上，从而达到依附和牵引骨头的目的。

肌肉安装员b

唔，安装骨骼肌最累人的也是这最后一步。

太好了，终于到最后一步了。

肌肉安装员a

肌肉安装员b

嗯，还不算笨。

又硬又韧，没有弹性……啊，我知道了，它太难拉动了。

就知道你会这么问。哎，你知道肌腱有什么特性吗？

肌肉安装员c

肌肉安装员a

肌腱就像是骨骼肌的连接装置，若是没有它们的存在，骨骼肌便形同一盘散沙，根本就不能发挥一身的好本事。

肌纤维的真面目

　　肌纤维，顾名思义，它是与肌肉、纤维有关的物质。确实，肌纤维与它们有着密切的关系：肌组织多呈圆形或是三角形，它是由特殊分化的肌细胞组成的，而肌细胞又是细长的身形，略呈纤维状，很明显正是因为如此，它才得了肌纤维的名字。

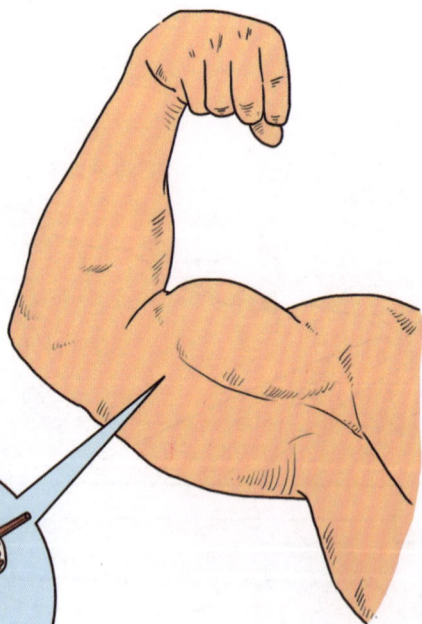

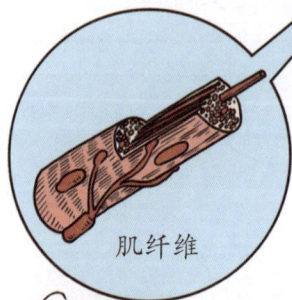

肌纤维

乳酸有什么作用

乳酸是一种化合物，而且还是一种羧酸，通常在某些物质的发酵过程中，或是在一般的新陈代谢过程中，以及在我们运动时，都能见到乳酸的影子。那么，乳酸都有哪些方面的作用呢？

（1）食品行业：乳酸具有很强的防腐保鲜功效，因此，可用于饮料、果酒、肉类、粮食加工、水果的贮藏等，不但能延长食品的保质期，还能起到调味等方面的作用。

（2）医药行业：可利用乳酸蒸汽对病房、手术室、实验室等场所进行消毒；在医药方面可用作防腐剂、助溶剂、药物制剂等。

（3）其他方面：比如，在纺织行业，可用乳酸处理纤维，从而令纤维更容易着色。

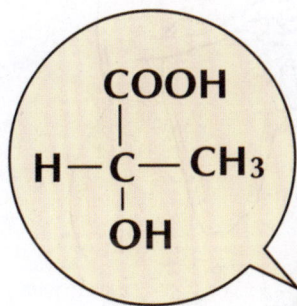

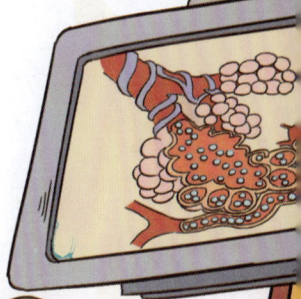

$$\begin{array}{c} COOH \\ | \\ H-C-CH_3 \\ | \\ OH \end{array}$$

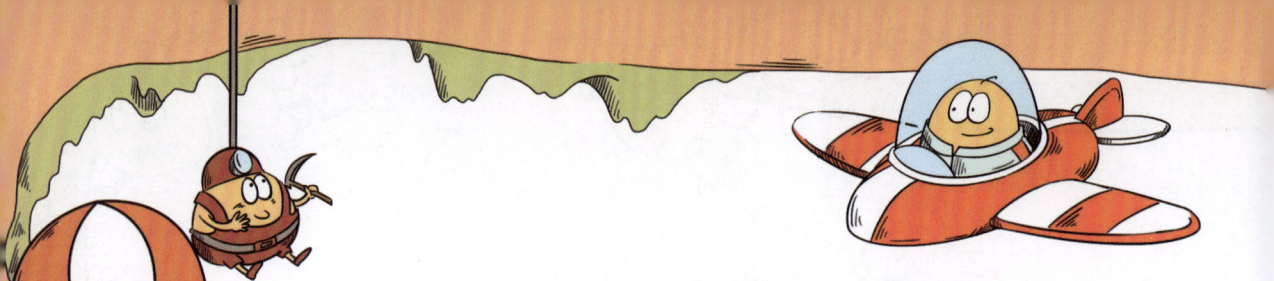

他们为什么会患上肌腱炎

当肌肉纤维被过度使用，比如，被反复强烈牵拉，便很容易使肌腱胶原纤维发生退行性病变，也就是我们通常所说的肌腱炎。其实，肌腱炎是内源性和外源性因素相互作用的结果。其中，内源性因素主要是指我们的身体因素，比如，肌肉力量较差；外源性因素也就是所谓的外在因素，比如，在我们进行训练时，所用的一些方法并不正确，或是所用的装备较差等。

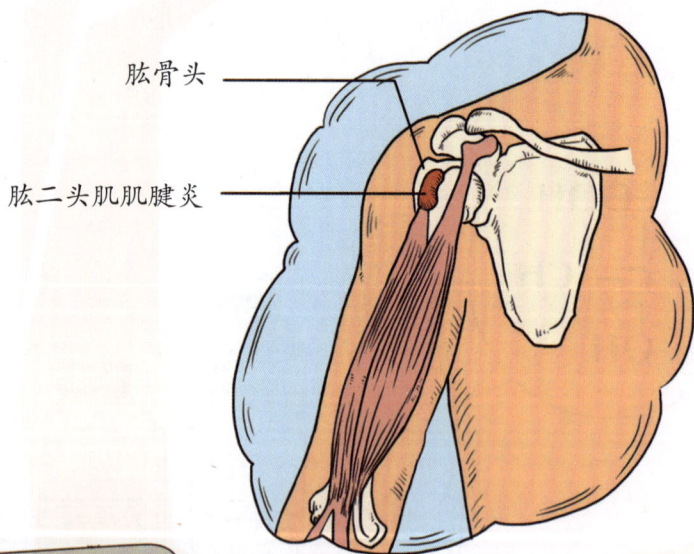

肱骨头

肱二头肌肌腱炎

什么是电脉冲

　　电脉冲，顾名思义，它是电流产生的一种脉冲，而脉冲则是指在很短的时间内便会变换一次电压的过程。比如，我们通常所用的交流电便能看成是一种脉冲电流，而其中的一个周期过程便被认为是一个电脉冲。

　　目前，电脉冲技术被应用得越来越广泛，而且，在生物界、医学界、核能领域、材料检测、军事领域等都能找到电脉冲的影子。

智慧蛋

1. 人的身体中一共有639块肌肉，你知道哪一块肌肉在人体当中是最灵活的吗？

2. 肌肉可分为平滑肌、骨骼肌和心肌，你知道哪一种肌肉是人体中最稳定的肌肉吗？

3. 人身上的肌肉，有的很大，有的很小，形态和功能都各不一样。你知道，在人体当中，哪一块肌肉是单块最大的肌肉吗？

第七章

骨骼肌：

运动机械总部的运动技师

合成代谢
（制造）

碳水化合物，脂质，蛋白质，核酸

分解代谢
（分解）

通常需要能量

简单的分子

通常释放能量

ATP：

骨骼肌的工作燃料

肌肉尤其是骨骼肌，进行各种收缩运动，需要消耗大量的燃料，而 ATP 就是能量供给站。它可是一种不稳定的高能化合物，还有一个非常复杂的名字——三磷酸腺苷。

啊？这样啊？这样的话，小主人明天起床可就得手臂酸疼了。因为如果乳酸越积越多的话，肌肉就会出现酸痛感呢。

没事儿的。你不过是太久没有运动，手臂的肌肉因为供氧不足，乳酸过多才会酸痛的，多练习几次就好了。

哎呀呀，站不稳啊，站不稳！

爸爸，我今天不想练习铅球，昨天推了几下，手臂到现在还酸痛呢。

我们正在肱二头肌附近，这里晃得厉害啊，因为肱二头肌疯狂地收缩着。

ATP

ATP

ATP

赶紧的，通知血液运输员，将这些乳酸处理掉，运往肝车间就好了。

嘿哟，果然，供氧能力下降了，乳酸们疯了似的"跑"出来。

嗯呢，一定是小主人在打篮球呀，所以上臂运动地特别厉害。

紧急报告，紧急报告！ATP的含量正在急速下降啊。

报告，已经通知血液那边的乳酸处理队了，可是乳酸生产太快了，它们运输来不及。

那当然，肱二头肌的氧气消耗加快了，供氧快跟不上了，ATP的消耗会很快！

　　乳酸，本身并不是坏分子，它是肌肉细胞新陈代谢和运动的产物。在供氧正常的情况下，血液运输员会将它们运往肝脏车间，对它们进行回收利用，合成有利于小工厂运作的肝糖原储备。不过，一旦骨骼肌今天异常活跃，不断进行体育锻炼，那么血液运输员的供氧速度很可能跟不上肌肉细胞的耗氧速度。这时候，乳酸就会变得不安分起来，被不断地制造出来，大量聚集在这块肌肉上。血液细胞没办法及时将这些多余的乳酸运往肝脏车间，就会使小主人的肌肉出现酸痛的感觉。

骨骼肌：
分布广泛的运动指导员

爸爸，问你一个问题。四肢肌、躯干肌还有骨骼肌，它们三个哪一个最强？

人体肌肉

四肢肌和躯干肌都属于骨骼肌。

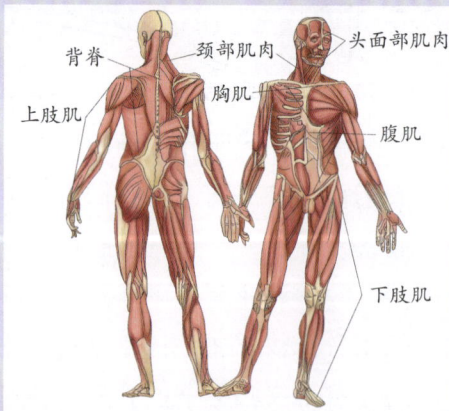

背脊   颈部肌肉   头面部肌肉

上肢肌   胸肌

腹肌

下肢肌

骨骼肌是一个庞大的家族，而且拥有不同的分类方法。比如，若是按照功能、形态来进行分类，骨骼肌可分为羽状肌、半羽状肌、梭形肌、二头梭形肌、扁带形肌；若按工作区域来进行划分，则又可分为头颈肌、躯干肌和四肢肌。

头颈肌就是我们头部、面部和脖子位置所用到的骨骼肌，它们不但帮助我们塑造"喜怒哀乐"等各种表情，还要控制颈椎的运动；躯干肌主要是我们的胸部、腹部、背部等位置的骨骼肌，它们专门负责调控人体躯干所进行的运动，并保护我们的内脏不受伤害；而四肢肌便是我们的手和脚（包括手指、脚趾），专门负责调控四肢手足所进行的一切运动，据说，它们每天的任务都非常繁重呢。

肌肉安装员a

小迷糊，你这次负责安装哪个部位的骨骼肌？

唔，我看看。啊，是头部和颈部。

肌肉安装员b

肌肉安装员a

仔细着点，这两个部位的骨骼肌长得都很精细。

嗯，嗯！

肌肉安装员b

骨骼肌的分布非常广泛，而且，它们还自动请缨成为"运动"的指导员，竟然做得有模有样。

91

骨骼肌：
不知疲倦的收缩达人

在骨骼的世界里，骨骼肌之所以能对骨骼们起到牵引带领的作用，完全倚赖于它的收缩本领。而且，这种收缩本领还有两种方式，一种为等长收缩，一种则为等张收缩。

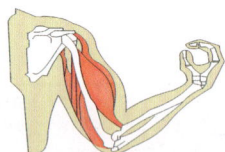

肌腹

肌腱

屈肘时，肱二头肌收缩，
肱三头肌舒张

屈肘动作的产生

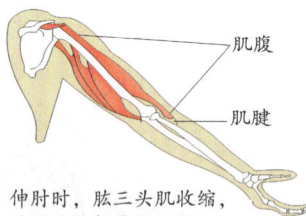

伸肘时，肱三头肌收缩，
肱二头肌舒张

伸肘动作的产生

爸爸，骨骼肌会收缩吗？

喏，答案都在生物书上，自己看。

等长收缩是指骨骼肌中的肌纤维处于一种稳定的收缩状态，而此时，我们便会保持一种固定的姿势，比如，站立不动；而当肌纤维进行某种特定运动效果的收缩时，骨骼肌便会施展等张收缩的本领，从而让我们能够跑步、行走、自由伸展手臂等。

无论是等长收缩还是等张收缩，都不可能只有一块骨骼肌在工作。还好，骨骼肌们都非常积极，这不，很快便"哗啦啦"地涌来了两个团队，其中一个是齐心协力的协同肌团队（比如，肱肌、肱桡肌），一个是互相抗衡的拮抗肌团队（比如，肱二头肌、肱三头肌）。不过，拮抗肌团队虽然有一个破坏力极强的名字，但它却是一个名副其实的老好人。瞧，它正在为协同肌团队善后：拼尽全力保持骨骼肌运动时的稳定性，从而避免协同肌团队因运动过度而弄巧成拙。

肱三头肌

嗨，肱桡肌老弟，好久不见，最近可好啊？

哎，都是名字惹的祸。其实，我们是老好人呢。

肱桡肌

呃，离我远点，你是个小破坏王。

无论在进行哪种收缩，骨骼肌们都做得尽职尽责，难怪会被誉为不知疲倦的"收缩达人"，还真是名副其实呢！

ATP 的真面目

ATP 又名三磷酸腺苷，顾名思义，它的组成成分里一定有磷酸的存在。确实，它是由腺嘌呤、核糖以及 3 个磷酸基团连接而成的。而且，它是一种极不稳定的高能化合物，在水解时会释放出较多的能量，因此成为生物体内最直接的能量来源。

一般来说，ATP 主要有两条生成途径：一条是植物体内的叶绿体细胞，在进行光合作用时会生成 ATP；一条则是所有的活细胞都能通过细胞呼吸生成 ATP。

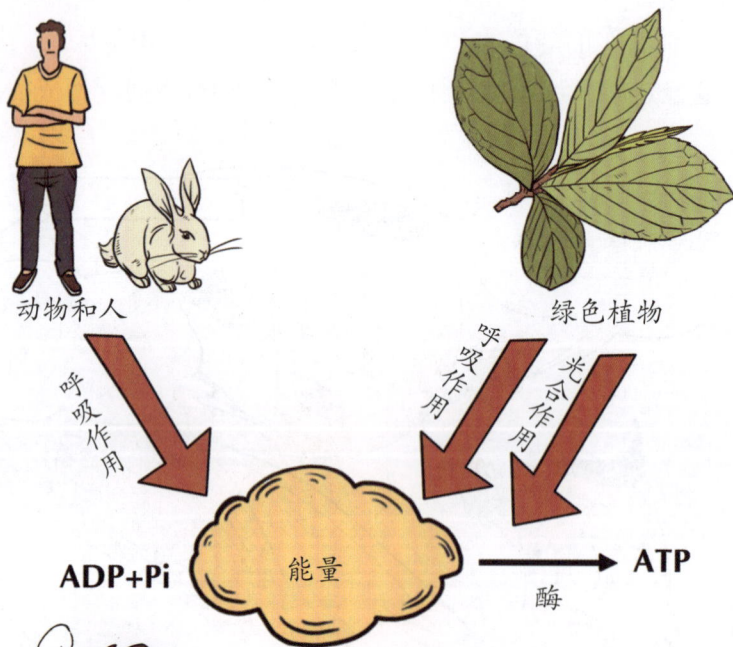

动物和人

绿色植物

呼吸作用

呼吸作用

光合作用

ADP+Pi

能量

酶 → ATP

什么是肝糖原

　　肝糖原其实是由许多葡萄糖分子直接聚合而成的物质，它们通常会以糖原的形式储存在肝脏中，每当机体有需要时，便会分解成葡萄糖，转化为能量。那么，它们是从哪里来的呢？

　　（1）当我们进食后，食物通过肠道的消化吸收进入血液，而转化成的葡萄糖便被输入肝脏，其中又有60%~70%被转化为糖原储存起来。

　　（2）当我们空腹时间过长，蛋白质便会分解成氨基酸，脂肪就会分解为甘油，而氨基酸与甘油则会在肝脏被转化为糖原。

　　（3）我们的肌肉在进行收缩时会产生乳酸，而那些乳酸通过肝脏的代谢也有可能转化为肌糖原。

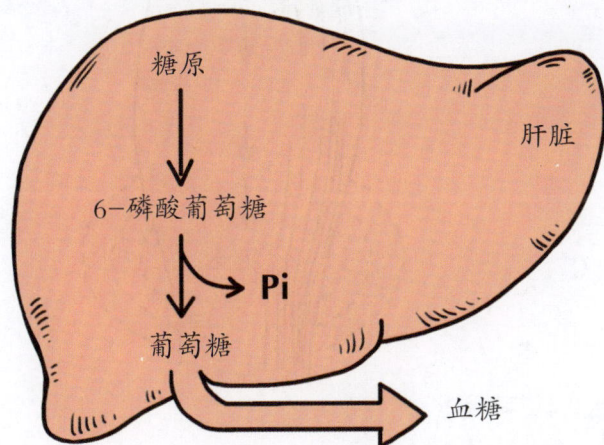

糖原
↓
6-磷酸葡萄糖
↓ → **Pi**
葡萄糖 → 血糖
肝脏

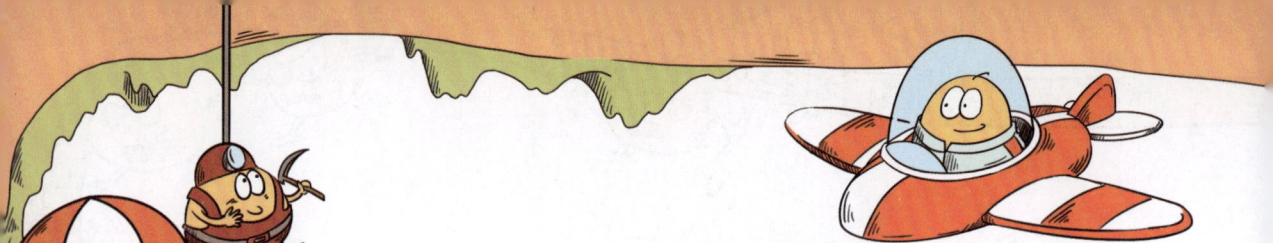

什么是肌糖原

　　肌糖原，顾名思义，它是肌肉中糖的一种储存形式。那么，它是否与肝糖原一样，也能转化为葡萄糖，为我们提供能量呢？

　　我们在进行剧烈运动时，会消耗大量的血糖，而此时，肌糖原便会分解，想方设法地为我们提供能量。然而，肌糖原却不能直接分解成葡萄糖，它每次都是先分解产生乳酸，然后这些乳酸便会经血液循环到肝脏，继而在这里转变为肝糖原，或是合成为葡萄糖。

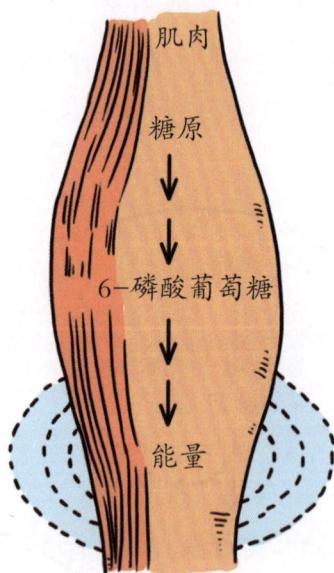

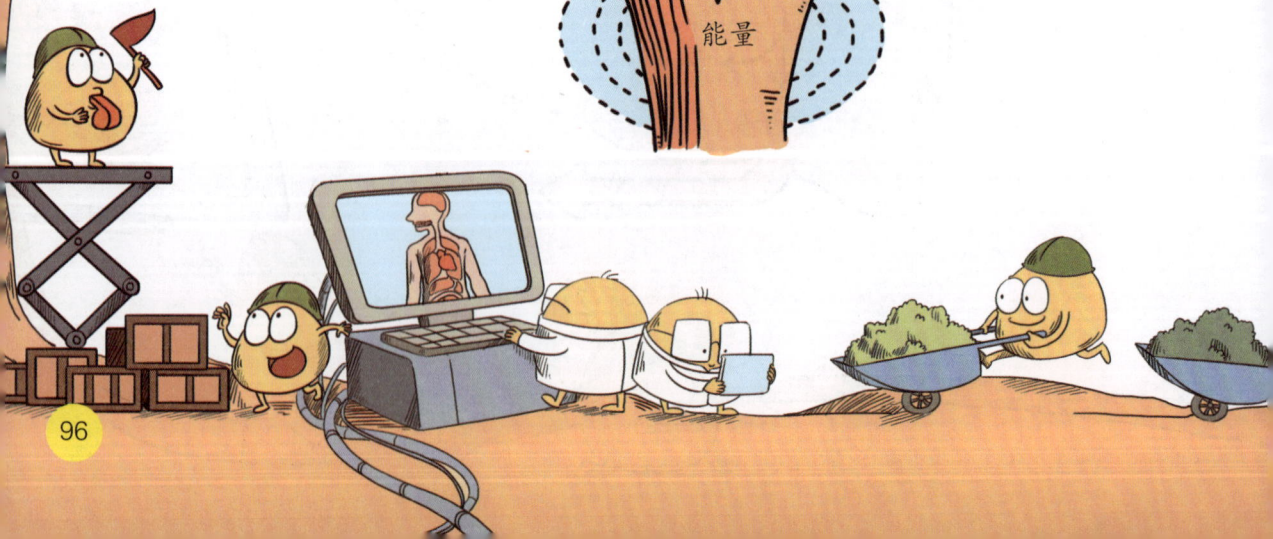

肌肉

糖原

↓

↓

6-磷酸葡萄糖

↓

↓

能量

什么是新陈代谢

新陈代谢是机体与外界环境之间进行物质和能量交换，以及生物体内的物质和能量进行自我更新的过程。因此，新陈代谢便包括两个过程：合成代谢、分解代谢。那么，新陈代谢对我们来说，又有哪些方面的意义呢？

（1）将从外界汲取的营养物质转变为人体所需要的结构元件（大分子的组成前提）。

（2）能从周围环境中获得营养物质。

（3）将结构元件迅速装配成自身的大分子（蛋白质、脂肪等）。

（4）分解人体内的有机营养物质。

（5）为我们提供能量。

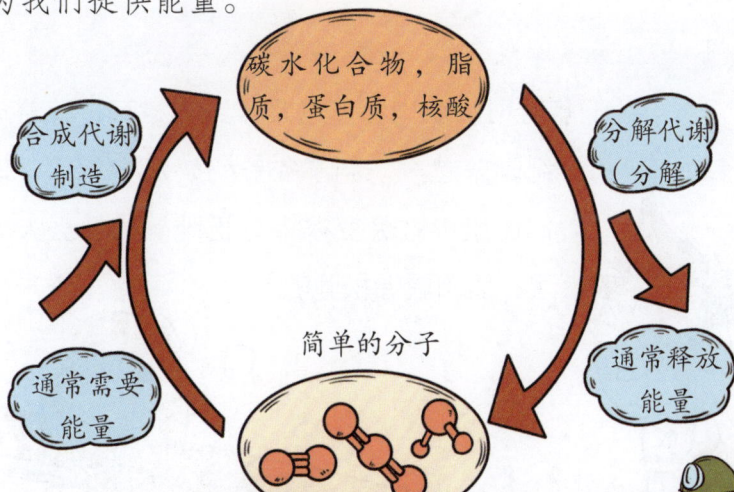

碳水化合物，脂质，蛋白质，核酸

合成代谢（制造）

分解代谢（分解）

通常需要能量

简单的分子

通常释放能量

智慧蛋

1. 人通过运动锻炼能提升肌肉，尤其是骨骼肌的灵活性，也就是俗称的肌肉柔软度。肌肉柔软度增大，不仅能让我们的动作变得灵活，还能避免肌肉受伤。你知道有哪些运动可以提升肌肉柔软度吗？

2. 每次运动锻炼后，我们都会觉得身体变得暖和或者热。为什么运动起来的时候，我们会感觉身体有热量变化呢？

3. 当我们年轻时，肌肉都非常紧致结实，可是随着年纪越来越大，到了爷爷奶奶那个年纪，他们的肌肉就会变得十分松弛。为什么人老了，肌肉就会松弛呢？

好发达的
肌肉啊!

第八章

重要骨骼肌：

运动机械总部的指挥军团

面肌：

脸部表情的缔造者

人的面部表情肌总共有42块，平日里，它们总是齐心协力地牵动我们面部皮肤，让我们做出各种表情。比如，喜、怒、哀、乐，甚至一些古灵精怪的鬼脸。

可是呢，当小主人要吃东西的时候，它们就会活跃起来了。

是的，小主人要吃东西，首先需要张嘴巴呀，所以这群肌肉会进行等张收缩，让嘴唇张开，下巴往下拉。

哈哈……你如果是少让我生气，那就更不会长皱纹了。

老爸，别再大笑了，小心长皱纹。

它们其中几种肌肉，甚至一种肌肉只要发生不一样的等张收缩，都会引起小主人细微的表情变化呢。

哇哦，所以说，小主人平时说话啊什么的，也得依靠这些肌肉来控制吗？

看，当这群肌肉维持等长收缩，让肌纤维并列收缩的时候，小主人会闭着小嘴巴不张开。

它们是小主人嘴巴附近的肌肉，它们能控制小主人的嘴巴运动。

那当然！

啊？怎么控制啊？

嘿嘿，你们看，这一群面肌正在收缩呢。

　　面肌主要分布在我们面部裂孔，如鼻孔、眼眶、口腔等位置的周围，它们能保护我们的五官，创造出千奇百趣的表情，同时能协调我们五官的运动。比如张嘴吃饭这个小动作，当我们想吃饭的时候，神经总部就会给我们口腔，尤其是嘴唇附近的面肌发送"张嘴"的信号，面肌会使我们的嘴巴张开，这样我们才能吃东西呢。

胸肌：

呼吸和上肢运动的协调员

胸肌其实是运动机械总部布防在胸腔前方的一道保护层，它的存在是为了保护胸腔内的心脏车间和肺车间。当然，这并非它的唯一职责，它还要负责增强我们上身的运动能力，以及协调我们的呼吸呢。

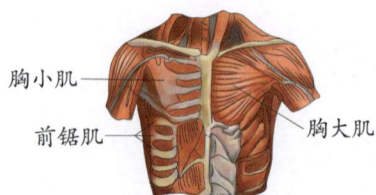

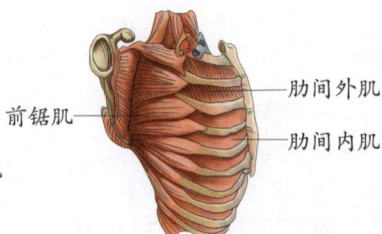

胸小肌
前锯肌
胸大肌

前锯肌
肋间外肌
肋间内肌

健身房

呃，那些健身教练看起来好……壮实！

小宝贝，人家这是时下最流行的健美。哇哦，他们的胸肌、腹肌真是健壮到极致。嘿嘿，我也要像他们才成。儿子，为老爸加油！

102

　　胸肌虽然是一个小家族，却可分为两大工作团队，一个是胸上肢肌，一个是胸固有肌。其中，胸上肢肌位于胸廓外部，紧紧连接着手臂的肱骨，因此，它对上肢力量的发挥有很大的影响。比如，胸上肢肌发达的人，在推东西或拉东西时，会比胸肌不发达的人更有力量；胸固有肌的主要成员是肋间肌，而肋间肌便是肋骨之间的骨骼肌，专门负责协助人进行呼吸。比如，当肋间肌将肋骨往上或往外抬升，促使肋骨之间的空隙加大时，人就能吸气。而当肋间肌将肋骨聚拢时，人则能呼气。

　　被我们当作健美标志的胸肌并不只是一个耐看的"花瓶"，更是一种非常耐用的骨骼肌。

上肢肌：
手臂运动的大老板

来，宝贝，我们很久没有掰手腕了，让爸爸看看你有没有长进。

老爸，你这不是欺负人嘛。瞧瞧，你的上肢肌简直比我的下肢肌还粗壮！

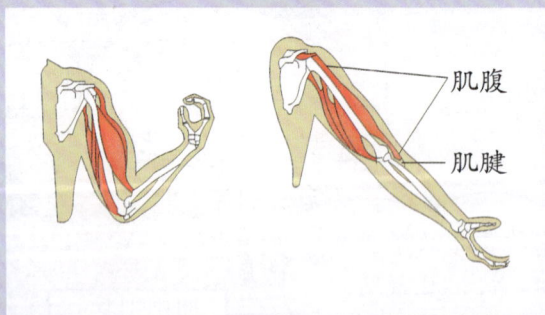

肌腹

肌腱

　　上肢肌包括手臂的骨骼肌和手部的骨骼肌，它是一个肌肉数量众多、结构出奇复杂、功能各不相同的大部门。而且，手臂和手部要负责的动作真是太多了，无论我们是在安静地写字，还是在足球场上飞奔，它们都在忙个不停。很明显，在这里工作的骨骼肌可真是一点儿不轻松呢。

手臂的骨骼肌主要是由肱二头肌、肱肌和肱三头肌等构成的，这三块"肉"都是一等一的运动高手，能让我们做出举、拉、投掷等各种力量型动作。但是，它们一旦出现问题，我们手臂的肱骨就会变得软弱无力，甚至连最简单的上肢运动都无法完成；手部的骨骼肌主要包括拇短展肌、拇收肌和骨间掌侧肌等，它们依附在手骨上，专门负责"督促"我们的手指、手掌、手腕自由灵活地进行运动。比如，画画、写字等。

肌肉卫兵b

是呢，虽然这里用到的骨骼肌体积不大，但上面却要布满神经信号管道。

哎，我最烦安装手部骨骼肌了。那手指一根一根的，还要照着型号来。

肌肉卫兵c

肌肉卫兵a

干活儿，干活儿！

　　手臂骨骼肌专门负责解决力量型的任务，而手部骨骼肌则主要承担那些精细的任务。

下肢肌：
腿脚运动的大将军

下肢骨骼肌车间包括腿部的骨骼肌和脚部的骨骼肌。与上肢骨骼肌车间一样，下肢骨骼肌的运作情况对我们的运动能力也有着直接的影响。而且，只有下肢骨骼肌运作良好，我们才能尽情地跑跑跳跳，尽情地做各种腿部运动。

腰大肌　　　髂肌
腹股沟韧带　　阔筋膜张肌
耻骨肌　　　缝匠肌
长收肌
股薄肌　　　股直肌
　　　　　　股外侧肌
股内侧肌
　　　　　　髂胫束
　　　　　　髌骨
　　　　　　髌韧带

腓肠肌　　腓骨长肌
比目鱼肌　胫骨前肌
蹲长曲肌　趾长伸肌
　　　　　腓骨短肌

腓肠肌
腓骨长肌
比目鱼肌
腓骨短肌

前群　　外侧群

大腿肌前群及内侧群（浅层）　小腿肌前群及外侧群

老爸，我怎么才能跳得远呢？哎，我的跳远成绩是全班最差的。

呃，宝贝，那你就多多锻炼下肢肌肉的力量，要知道下肢肌肉越有力，就跳得越远。

要说谁是下肢骨骼肌的霸主，那一定非大腿肌和小腿肌莫属。其中，大腿肌有多个组成成员，它们主要依附在大腿的主梁骨——股骨周围。与手臂的肱骨骨骼肌一样，大腿肌是下肢运动的主导者。瞧，无论我们是跑是跳，是走是坐，大腿肌一直都在努力着，真是难得清闲。然而，下肢不但负责运动，还要负责支撑人体重量，因此，除了作为主导者的大腿肌外，下肢肌还需要小腿肌的帮忙。而且，小腿肌和手臂的前臂不同，它的肌肉总数虽然不多，但是肌肉却长得十分粗壮强健，是整个人体中力量最强的肌肉；脚部骨骼肌则分为足背肌和足底肌，虽然它们不及腿部肌肉发达，但是对维持人体姿势，确保我们的运动能力有着非常重要的作用。

> 好发达的腿部肌肉啊！

肌肉卫兵a

> 小主人在干吗，怎么一动不动的？

肌肉卫兵b

> 他在参加军训，正在训练站军姿。

肌肉卫兵c

> 哎，原本以为他站着不动，我们就清闲点，没想到一点儿也不轻松。

肌肉卫兵a

肌肉卫兵b

> 就是，就是，我都不知道进行多少次等长收缩了，好累！

肌肉卫兵c

> 注意，注意，他开始齐步走了。

在下肢肌的配合下，我们总能做出或简单、或复杂的腿部运动，而且，它也因此得了"腿脚运动大将军"的美称。

立定跳远的技巧

立定跳远看似简单，但若想取得好成绩，除了需要一定的锻炼之外，也需要一些相应的技巧。

（1）起跳时，需要蹬摆结合：起跳时，需要用到两股力量，一个是腿蹬地的力量，一个则是臂摆动的力量。因此，当我们的腿蹬地时，两臂须迅速由后、向下、向前摆动，而且要在前上方时急停，同时身体也要具有一定的高度。

（2）腾空时，身体要充分地进行伸展。

（3）落地时，我们要做到收腹举腿的动作。

推铅球的技巧

也许在有些人眼中，推铅球不过只是简单的一扔，其实，这个看似简单的过程，可需要做不少标准动作呢。

（1）持球时，五指应自然分开，并将球放在食指、中指、无名指的指根处，拇指和小拇指则贴在球的两侧。

（2）将铅球放在锁骨内端的上方，紧紧贴住颈部。

（3）出手时的角度应该保持在35°~45°，头同时向上看。

① ② ③ ④ ⑤

⑥ ⑦ ⑧ ⑨ ⑩

背向滑步推铅球的动作图

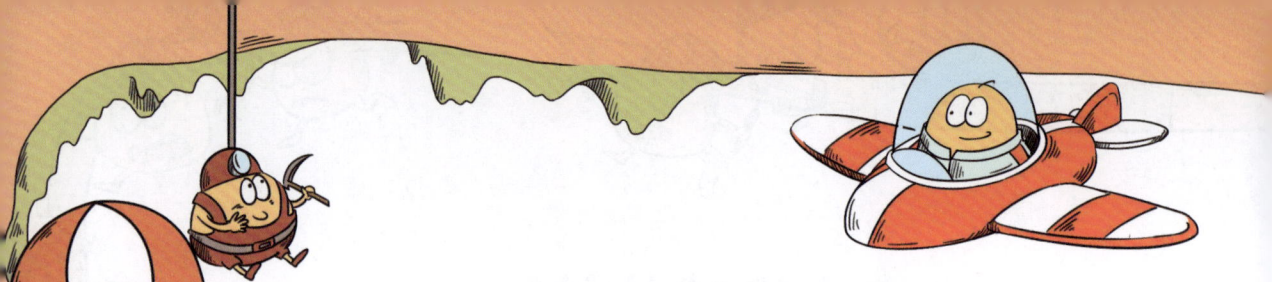

面部表情家族

在我们的面颊上，总共有20多种面肌，而我们的面部表情便是通过面部肌肉家族中的眼部肌肉、颜面肌肉和口部肌肉的变化表现出来的。比如，通过一个人的眼神就能判断他是坦然的，或是心虚的，或是伪善的。

虽然面部表情会随着我们情绪的变化而变化，但总的来说，它可分为八大类：感兴趣－兴奋；高兴－喜欢；惊奇－惊讶；伤心－痛苦；害羞－羞辱；轻蔑－厌恶；害怕－恐惧；生气－愤怒。

高兴

愤怒

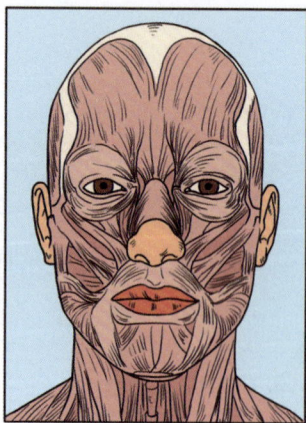

脸部肌肉

悲伤

惊吓

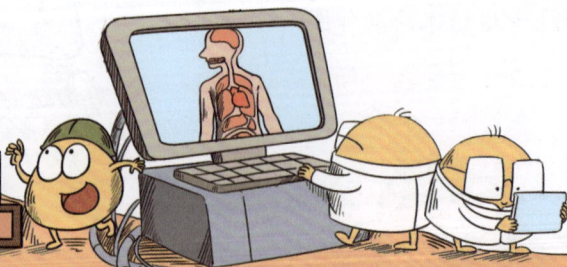

健美的意义

　　健美是对身体所进行的一种雕刻，它与健身是两个不同的概念。其中，健身是健美的初级阶段，它的要求相对来说较为简单，而且大多数人都能做到。比如，只要你拥有健康的身体，能做到动作协调便能达到健身的目的；而健美不仅要达到健身的目的，还要求我们必须具有超常的健康和超常的毅力来进行训练，只有这样才能让身体各肌肉群的肌肉饱满、形状美观，而且肌肉线条清晰明朗，全身匀称。

智慧蛋

1. 你知道在日常运动中，哪些部位的肌肉是肌肉拉伤的多发位置吗？

2. 当肌肉出现扭伤或者拉伤的情况，你知道有哪些急救方法吗？

3. 我们在跑步、游泳或者打球的过程中，有时会出现腿部，尤其是小腿抽筋的情况。你知道我们为什么会抽筋吗？

图书在版编目（CIP）数据

　　运动系统/李明喆主编. — 杭州：浙江大学出版
社，2017.2
　　（人体里面有什么）
　　ISBN 978-7-308-16517-4

　　Ⅰ.①运… Ⅱ.①李… Ⅲ.①人体运动—人体生理学
—少儿读物Ⅳ.①G804.2-49

　　中国版本图书馆CIP数据核字（2016）第313824号

YUNDONG XITONG
运动系统
李明喆　主编

选题策划	平　静
特约策划	纸上魔方　谢清霞
责任编辑	平　静　赵　坤
责任校对	金　蕾
插图制作	纸上魔方
封面设计	鹿鸣文化
出版发行	浙江大学出版社
	（杭州市天目山路148号　邮政编码：310007）
	（网址：hppt://www.zjupress.com)
排　　版	纸上魔方
印　　刷	浙江印刷集团有限公司
开　　本	787mm×960mm　1/16
印　　张	7.75　　字　数　150千
版印次	2017年2月第1版　2017年2月第1次印刷
书　　号	ISBN 978-7-308-16517-4
定　　价	25.00元